KB194686

다칠 때는 멋지게
아플 때는 당당하게

상처에게
악수를 건넨다

당신은 상처받아 본 적이 있나요?
있다면 그 상처에 대한 기억은 어떠신가요.
말하기도 싫을 만큼 짜증 나고 기분이 나빠지나요?
떠올리기도 싫을 만큼 슬프고 비참한가요?

누구라도 상처에 대해 좋게 생각하는 사람은 없을 겁니다.
이는 유행하는 책의 제목이나 인기몰이를 하는 유튜브 영상
의 제목만 봐도 알 수 있죠. '상처받지 않는 법', '상처를 피하
는 법', '상처에서 벗어나는 가장 빠른 방법' 등 말하지 않아도
사람들이 얼마나 상처에 대해 부정적인 시각을 가지고 있는지
알 것 같습니다.

그런데 참 이상하죠. 모두가 그토록 상처를 싫어하지만, 정
작 지금의 우리가 있기까지 우리를 가장 많이 성장시켜 준 녀

석도 상처니까요. 서툴기만 하던 인턴사원이 인정받는 정직원이 되기까지의 과정 속에는 수많은 실수와 상처가 있습니다. 좋은 사람을 만나 평생을 약속하게 되는 과정 뒤에도 전 애인들에게 받은 수많은 아픔과 상처가 있습니다.

상처란 결국 우리의 삶이 성장하는 순간마다 한 번도 빠지지 않고 찾아왔던 친구인 셈입니다. 물론 놀러 온다는 예고도 없이 불쑥 찾아올 때는 그렇게 얄미울 수가 없는 녀석이지만, 돌아갈 때는 늘 지혜라는 선물을 두둑이 챙겨 주고 가기에 저는 이 친구를 마냥 미워하지 않습니다.

그렇다면 상처는 피하고 벗어나기만 하는 게 답일까요? 물론 지금 당장 감당하기 힘들다면 잠시 웅크리고 피해 보는 것도 방법이겠지만, 언제까지고 눈을 감고 외면할 수만은 없습니다. 때로는 '에라, 모르겠다.' 하고 맞서는 용기가 우리를 상처로부터 해방시켜 줄 때도 있습니다. 막상 직면해 보니 그다지 아프지 않은 경우가 많다는 뜻입니다.

힘든 만큼 힘이 세지는 운동처럼, 상처 역시 아픈 만큼 아프지 않게 된다는 점에서 상처와 운동은 참 많이 닮은 것 같습니다. 그런 의미에서 죽을 만큼 고통스러운 상처가 아니라면, 앞으로는 상처가 올 때마다 이렇게 생각해 보는 건 어떨까요.

'아, 오늘은 운동이 좀 빡센데?'

감히 이 책이 당신에게 인생의 정답을 알려 주지는 못하겠지만, 적어도 아무 의미 없이 지나가는 상처는 없다는 걸 꼭 알려 드리고 싶습니다. 결국 지나갈 거고, 결국 극복할 거고, 결국 지금의 상처가 더 단단한 당신을 만들어 주리라 믿습니다. 부디 이 책을 덮을 즈음에는 상처를 보며 기가 죽는 대신 큰 소리로 잘해 보자며 먼저 악수를 건넬 수 있는 강한 당신이 되어 있기를 바랍니다.

목차

Part 2

나는 이제
나를 위해 살 거야

Part 3

나는 이제

사랑이 두렵지 않아

Part 4

나는 이제

혼자가 두렵지 않아

Part 1

나는 이제
나를 미워하지 않아

나는 더
상처받기로 했다

중학교 시절, 처음 복싱 대회에 출전할 당시 관장님께서 귀에 딱지가 앉도록 하시던 말이 있었다.

"많이 맞아 봐야 혀! 그래야 피할 수 있는 겨!"

아니, 맞기 싫어서 가드도 올리고 위빙도 하는 거 아니었나. 왜 자꾸 맞기 싫은 내게 펀치를 감당하라고 떠미시는지. 시합 시즌만 되면 관장님이 그렇게 야속할 수가 없었다. 그러나 복싱에 있어 피하고 막는 감은 실제로 얼마나 주먹을 두려워하느냐 하지 않느냐에 따라 결정된다. 체육관 선수들과 매섭게 스파링을 하며 맞다 보면 다음 날에는 묘하게 주먹이 보일 때가 있다. 물론 바로 피하거나 막을 수는 없다. 그래도 서서히 시야에 들어오기 시작하면 조금씩 주먹이 두려워지지 않았다.

가만 보면 우리가 사는 세상도 복싱과 많이 닮은 듯하다.

상처받는 게 두려워 피하기만 하면 매 순간 도망 다니느라 겁이 많아진다. 반면 산전수전을 다 겪으며 당당하게 다쳐 본 사람은 더욱 대담해지고 강해진다. 15년 전 관장님의 말씀처럼 많이 맞다 보니 피할 수 있는 눈이 생기게 된 것이다. 역시 연륜은 공짜로 얻어지는 것이 아닌가 보다. 저마다의 아프고 쓰린 경험이 훌쩍 강해진 모습을 만들 듯, 언젠가 지금의 이 통증도 우리를 더욱 성장시켜 줄 거라 믿는다. 그래서 나는 더 상처받기로 했다. 더 아파하고 가끔은 잔인하게 데어 보며 스스로 강해질 생각이다.

도망간 것을 넘어갔다고 착각해서는 안 된다. 스스로 고통을 이길 힘이 생기지 않으면 언젠가는 비슷한 일이 또 한 번 나의 발목을 잡을 수 있기에. 그러니 도망치지 말자. 다칠 때는 멋지게 다치고, 아플 때는 당당하게 아프자. 훗날 '왜 이런 일로 내가 힘들어했지?'라고 추억할 만큼 단단해진 우리가 되기를 바란다.

당신은
약점이 뭔가요?

멘탈이 강해지고 싶다면 가장 먼저 해야 할 일이 있다. 바로 나의 약점이 무엇인지 정확하게 아는 것이다. 그래야만 약점에 대한 면역을 길러 이후 공격이 들어와도 당황하지 않을 수 있다. 그러나 보통 멘탈 문제로 고생하는 사람들을 만나 보면 모두 반대로 행동하는 경향을 보인다. 본인들의 약점에 대해 생각하기 싫어하고, 어떤 이들은 아예 자신의 약점 자체를 부정하기도 한다. 그 결과, 본인의 약점을 건드리는 크고 작은 문제가 생길 때마다 제대로 저항 한번 해 보지 못하고 도망가는 것이다.

물론 마음이 너무 답답하고 힘들면 잠시 쉬어 가는 것도 좋은 방법이다. 상대하기 싫을 때는 애써 상대하지 않고 무시하는 것도 현명한 자세이다. 다만 이런 휴식과 무시도 빈도가 너무 잦아지면 도망이나 다름없다. 모두 말하듯 약점이 있다는 건 결코 부끄러운 것도, 창피한 것도 아니다. 그런데 왜 굳이 이 약점 때문에 우리가 눈치를 봐야 한다는 말인가. 그럴 거면 차라리 부족한 점을 확인하고 극복하는 편이 낫지 않겠는가.

그러기 위해선 앞서 말했듯, 나의 약점이 무엇인지 정확하게 파악해야 한다. 또 무엇 때문에 그 점을 약점으로 여기는지도 진지하게 탐구해야 한다. 약점은 깊게 알려고 하면 할수록 해결책이 보인다. 극복은 이겨 내는 것이다. 자신의 콤플렉스를 대수롭지 않게 여기고 당당하게 맞서는 것만큼 멋있는 자세가 어디 있겠는가. 더 이상 내 안에 있는 약점에 기죽지 말자. 약점이란 온전히 인정하는 순간 그대로 강점이 될 수도 있으니까.

실수에
유연해지는 연습

목표를 세우고 계획을 짜서 도전하는 것은 너무나 용기 있는 태도다. 성장하기 위해 배수의 진을 치듯 주변 사람들에게 나의 도전을 알리는 것도 건강한 부담이다. 하지만 세상에 완벽한 인간은 없다. 최선을 다해 열심히 노력했는데도 실수하는 날이 있고, 예상치 못한 곳에서 계획이 틀어지기도 한다. 그리고 바로 이 지점에서 우리의 멘탈은 생각보다 쉽게 무너진다.

원래 자괴감이란 아무것도 안 할 때보다 해 오던 걸 못하게 되었을 때 대미지가 커지는 법이다. 그럼에도 그 지점을 넘어서려면 앞으로 밀어붙이는 유연한 사고를 갖추는 게 중요하다. 나는 일을 잡는 만큼 바빠지고, 하는 만큼 벌이가 되는 1인 사업가다. 그래서 바쁜 시즌에는 몸 상태가 많이 악화되는데, 언젠가 지독히도 약해져 가는 체력에 한계를 느낀 날이 있었다. 한때 운동선수의 길에 들어섰던 나에게 체력의 한계란 꽤 자존심 상하는 충격이었다.

그 길로 바로 사무실 책상에 목표를 적었다. '1일 2 헬스.' 지금 봐도 너무 무리한 목표다. 그래도 기분은 좋았다. 목표가 생긴 것만으로도 왠지 모르게 더 성장할 수 있을 거라는 희망을 느꼈으니 말이다. 그러다 2주 차가 되던 날, 나는 아직도 내가 자기 객관화조차 안 되는 인간이란 사실을 깨달았다.

무리한 계획은 엄청난 스트레스를 만들었고, 삶의 사이드가 되어야 할 운동이 삶의 중심부인 일에까지 영향을 미치고만 것이다. 결국 다음 날 몸살이 나 헬스장을 가지 못했다. 자신에 대한 믿음이 컸기 때문일까, 스스로 한 약속조차 지키지 못했다는 수치심에 눈물이 났다.

하지만 역시 한번 넘어져 봐야 면역이 생기는 모양이다. 완벽했던 계획이 어그러지고 나니 점점 나에게 관대해지기 시작했다. 아예 운동을 포기했다는 건 아니다. 헬스장은 지금도 시간이 날 때마다 주에 2~3회씩은 출석한다. 단 몸이 안 좋거나 스케줄상 가기 어려운 날에는 별생각 없이 빠진다. 완벽하지는 않아도 조금씩 꾸준하게 실천하니 천천히 몸이 좋아지는 경험도 하고 있다.

　사람마다 달리는 속도가 다르듯, 나도 나만의 패턴이 있다는 걸 알았다. 목표를 세워 두고 실천하고 있다면, 그것만으로 당신은 충분히 성장하고 있다. 부디 이 사실을 의심하지 말자. 멀리 가려면 가끔은 자신에게 관대해질 필요가 있다.

　그러다 졸지에 게을러지는 건 아닐까 걱정하는 것도 일리가 있다. 하지만 과도한 목표를 세우다가 실패해서 두 번 다시 도전하지 않느니, 실수를 범하더라도 나날이 시도하는 쪽이 100배는 더 큰 결과물을 얻을 수 있다고 본다. 본인의 그릇을 무시한 채 세운 목표는 언젠가 자신조차 삼켜 버릴 수 있다는 사실을 잊지 말자.

잘못 간 길이
지름길이 될 때가 있다

운전을 시작한 지 제법 되었지만, 선천적 길치인 나에게 내비게이션은 늘 어렵다. 특히 초행길을 나서는 날이면 거의 100%의 확률로 잘못된 길에 들어서곤 한다. 운전하는 사람들은 공감하겠지만 한 번의 실수로 내비게이션에 10분, 20분이 추가되는 그 짜증이란. 평소 욕을 싫어하는 나조차 거친 언어가 저절로 나온다. 그러나 희한하게도 내 차에 처음 타는 사람들은 모두 내 운전 실력을 칭찬한다. 내비게이션에도 나오지 않는 지름길로 곧잘 가기 때문이다.

"야! 길 찾는 게 무슨 택시 기사님 같다."

"네가 운전해 주면 지각할 일은 없겠다."

내비게이션도 제대로 못 보는 내가 어떻게 이런 지름길을 훤히 꿰고 있냐고 묻는다면, 잘못 들어갔다 우연히 알게 된 길이 많을 뿐이다. 길을 자주 틀리다 보면 어떤 날은 반대로 도착 시간이 확 줄어드는 날도 있다. 잘못 가는 바람에 남들이 모르는 길을 알게 된 것이다. 덕분에 어떤 길은 아예 내비게이션이 없어도 남들보다 빠르게 찾아갈 수 있다.

만약 나에게 길을 잘 찾는 능력이 있어 정해진 대로만 운전했다면, 내비게이션을 잘 본다는 소리는 들어도 결코 지름길을 알지는 못했을 것이다. 실수했을지언정 우리의 경험은 허투루 사라지지 않는다.

마침 오늘도 낯선 곳으로 차를 몰아야 할 일이 생겼다. 나는 또 높은 확률로 틀린 길을 달릴 테지만 묘하게 설레기도 한다. 어쩌면 오늘도 운 좋게 남들이 모르는 새로운 길을 찾을지도 모르는 것 아니겠는가.

준비하는 시간이 길어지면
그대로 겁이 된다

"뭘 하든 간에 늘 철저하게 준비해야 해."

"완벽하게 해내지 못하면 안 하느니만 못해."

새로운 일을 계획할 때마다 늘 속으로 하던 다짐이다. 그런데 가만히 생각해 보니 이 마음가짐으로는 정작 손도 못 댄일들이 참 많다. 그때는 그저 아직 준비가 덜 되었다고, 이 일은 나와 맞지 않는 일 같다고 별의별 핑계를 대며 빠져나가곤했는데, 솔직히 말하면 겁이 났다. 준비하는 시간이 점점 길어지면서 어느 순간 안 해도 될 핑계를 생각하게 되었기 때문이다. '혹시 중간에 이런 문제가 생기면 그땐 어쩌려고?', '나중에 이런 상황이 벌어지면 골치 아플 것 같은데.' 등등 시작도 하지 않은 상태에서 여러 생각이 뭉게뭉게 피어올랐다.

생각이 너무 많아지면 바보가 된다더니, 과연 맞는 말이다. 준비가 길어지면서 겁만 더 집어먹게 되고, 마지막은 자기 합리화로 끝나 버리기 일쑤니까. 부끄럽지만 내가 실패한 모든 계획은 늘 계획 단계에서 그르쳤다. 무조건 완벽하게 해내야 한다는 태도가 나름대로 참 멋지고 프로 같은 마인드라 생각했으나, 길게 보면 오히려 그놈의 완벽이 내 발목을 잡고 있었다. 그러다 올해 들어서 뜻밖에 큰 변화가 찾아왔다. 나름의 돌파구를 찾았기 때문이다. 생각보다 효력이 좋아 당신에게도 방안을 공유하고 싶은 마음이다.

바로 '일단은 저지르고 수습하기'이다. 얼핏 보기에는 몹시 철없는 방법 같지만, 추진력을 기르고 성장하는 데 이보다 더 효과적인 방법은 아직 보지 못했다. 실제로 나는 이 방법으로 올해 계획한 모든 일을 해치웠다. 그중에 하나가 토크 콘서트였다. 언젠가는 무대 위에서 나만의 콘텐츠로 나만의 토크 쇼를 해 보겠다고 다짐했었다. 애석하게도 3년 전부터 늘 속으로만 계획하고 손대지 못하던 일이었는데, 얼마 전에 비로소 그 꿈을 이루었다. 그것도 단 3주 만에 말이다.

과정은 단순했다. 일단 덜컥 장소를 대관했다. 아직 공연의 레퍼토리도, 도와줄 스태프도 구하지 않은 상태로 일을 저지른 것이다. 이제 수습을 해야 했다. 부랴부랴 스태프를 구하고, 무대를 세팅하고, 밤을 새워 대본을 만들고 외우며 연습을 했다. 그렇게 공연 당일이 되어 생각보다 많은 관객 앞에서 온 힘을 쏟아 토크 콘서트를 펼쳤다. 이내 폭발적인 반응이 쏟아졌고 그 환호에 덜컥 눈물이 났다. 감격스러우면서도 한편으로는 억울한 마음이 들었다. 3년 내내 나를 괴롭히던 계획이 순식간에 이루어지니 그동안 했던 속앓이가 허무하게 느껴졌다.

이제는 할 일이 떠오르면 가장 먼저 그 일부터 한다. 글을 써야 하면 카페로 달려가고, 영상을 찍어야 하면 카메라부터 켠다. 물론 어떤 글이 나올지, 어떤 영상이 나올지는 알 수 없다. 그럼에도 우선 시작부터 하는 것이다. 결과물이 마음에 들지 않을 때는 다시 수정하고 찍으면 그만이다. 준비하는 시간이 길어지면 겁만 많아질 뿐, 조금 더 자신을 믿고 어디든 뛰어드는 용감한 당신이 되었으면 좋겠다.

사람들은 생각보다
당신에게 실망하지 않는다

유독 인간관계를 어려워하는 사람은 크게 두 부류로 나누어지는 것 같다. 조금만 힘든 일이 생겨도 힘들다는 말을 달고 사는 사람과 정말 힘든 일이 있어도 힘들다는 말을 못 하는 사람. 전자의 경우에는 늘 안에 있는 말을 터놓고 살기에 딱히 속병은 없지만, 주변 사람들에게 피곤한 사람이라는 인상을 준다. 반대로 후자의 경우에는 의외로 평판이 좋다. 싫은 소리를 못 하기 때문이다. 다만 늘 걱정과 고민을 혼자 독식하기에 사람들 사이에 섞여 있어도 외로워할 때가 많다. 누가 더 낫다고 말할 수는 없지만, 행복 지수로만 따진다면 비교적 스트레스가 적은 전자가 삶에 만족도는 높을 것이다.

그렇다면 후자는 왜 힘들어도 애써 숨기며 괜찮은 척하는 걸까? 많은 이유가 있겠지만 그 중심에는 사람들을 실망시키고 싶지 않다는 심리가 강하게 자리 잡고 있기 때문이다.

그러나 참 재미있는 사실은 힘들 때 힘든 티를 좀 낸다고 해서 실망하는 사람이 그렇게 많지는 않다는 것이다. 물론 너무 자주 한탄하고 다니면 주위에서 기피하겠지만, 그렇지 않고서야 대부분 사람은 힘들다는 말을 들으면 위로하려 한다. 대뜸 질타하거나 실망하는 것이 아니라.

내가 생각하는 만큼 사람들은 나에게 큰 걸 기대하지 않는다. 가끔은 힘들다고 투정도 부리고 싫은 소리도 하며 내 안에 있는 소리를 끄집어내야 한다. 하물며 컴퓨터도 프로그램이 너무 많이 깔려 있으면 제대로 작동하지 못하는데 사람은 어떻겠는가. 머릿속이 고민으로 가득 차 어지럽다면 과감하게 밖으로 내보내자. 그런다고 실망할 사람도 없고, 그런 일로 실망하여 떠나는 사람이 있다면 오히려 잘 걸렀다는 표현을 쓰고 싶다. 부디 티 낼 때는 티 내고, 기댈 때는 기댈 줄도 아는 여우 같은 당신이 되길 바란다. 남들도 다 그 정도는 하고 산다.

잊지 마
우린 모두 개구리였어

내가 속해 있는 모든 것으로부터 싫증이 날 때가 있다. 직장이든 모임이든, 하물며 사람까지 모든 게 뻔해지고 시시해지는 그런 시기. 그럴 때면 오래전 마음속에 담아 둔 다른 꿈이 떠오르기도 하고 새로운 자극에 마음이 설레기도 한다. 그렇게 서서히 회의감에 젖어 들 즈음 떠오르는 생각.

'나는 우물 안 개구리인 것 같아.'
'밖으로 나가면 새로운 기회가 얼마나 많을까.'
'매일이 재밌는 일의 연속일 거야.'

도전하는 이는 용감하고, 용기 내는 이는 아름답다. 그러나 대개 우물을 뛰쳐나온 개구리는 당황하고 만다. 세상이 정말 내 생각대로 넓었다는 걸 알게 됨과 동시에 자신은 그저 한낱 개구리였음을 확인당하기 때문이다. 세상에는 자신 같은 개구리를 노리는 뱀이 있고, 그 위에는 훨훨 나는 새가 있다. 드넓은 땅을 날쌔게 달리는 치타도 보인다. 그제야 개구리는 지금부터가 진짜라는 걸 알게 된다. 하지만 겁먹지 않았으면 한다. 앞으로 수없이 많은 난관에 부딪히겠지만, 그만큼 개구리는 강해질 것이다. 어떤 날은 날개를 단 새가 되어, 어떤 날은 재빠른 말이 되어 자신만의 길을 만들어 갈 테니까.

비록 언젠가 떠나는 날이 오더라도 결코 지금 내가 있는 곳을 무시하지 말자. 당신이 훗날 어떤 곳에 머물게 될지는 모르지만, 한때나마 약하고 어린 개구리였던 나를 품어 준 소중한 곳이다. 그리고 지금 옆에 있는 사람을 진심으로 대하자. 당신이 훗날 어떤 사람으로 성장할지 모르지만, 보잘것없는 개구리였던 내 옆을 지켜 준 고마운 사람이다.

소나무보다
갈대가 강하다

　나는 타고나길 거칠지 못하고 걱정이 많다. 그래서인지 종종 주변에 거침없고 흔들림 없는 사람을 볼 때마다 부러우면서도 '왜 나는 저러지 못할까.' 하는 자괴감에 힘들어했다. 한때는 열심히 노력해서 남들에게 인정받으면 성격도 달라질 거라고 생각했지만, 기질이란 게 노력으로 확 바뀌는 영역은 아닌 모양이다. 내 분야에서 제법 인정을 받기 시작한 이후에도 흔들거리는 성격은 그대로였다. '나는 강한 사람이 아니다.' 이 사실은 누구보다 강인함을 동경하는 나에게 유독 받아들이기 힘든 현실이었다.

　그러던 어느 날, 평소 좋아하던 유튜버의 라이브 방송을 보고 있는데 댓글 창에 강인함과 관련된 질문이 올라왔다.

　[○○ 님께서 생각하시는 알파남의 정의는 무엇인가요?]

　알파남이란 남들에 비해 의지력이 남다르고 경쟁적이며

늘 최고가 되고 싶다는 욕망이 있는, 소위 남성성이 넘치고 인기가 많은 강한 남성을 지칭하는 신조어이다. 고로 내가 생각하는 나와는 아주 거리가 먼 캐릭터라고나 할까. 이미 다 아는 말인데 들어서 뭐 하나 하는 마음으로 라이브를 끄고 자려던 순간, 그 유튜버가 말해 준 알파남의 정의가 내 생각을 송두리째 바꿔 버렸다.

딱 이렇게 설명할 수 있겠네요. 이솝 우화에 나오는 갈대와 소나무. 바람이 부는 날이면 갈대는 미친 듯이 흔들거리죠. 그런데 그 옆에 있는 소나무는 꿈쩍도 하지 않아요. 소나무는 말했죠. "저 갈대 좀 봐! 조금만 바람이 불어도 저렇게 줏대 없이 흔들거리다니." 어느 날, 마을에 엄청난 폭풍우가 들이닥쳤어요. 갈대는 소리를 지르며 흔들거렸고, 소나무는 내가 꺾일 리 없다며 이를 악물고 버텼죠. 폭풍우가 그친 다음 날, 둘은 어떻게 되었을까요? 갈대는 평소와 다를 것 없이 흔들거리고 있었어요. 그런데 소나무는 완전히 부러져 흉흉한 모습을 하고 있었대요.

사람도 마찬가지죠. 소나무 같은 사람이 겉으로 보기에는 매우 강해 보이지만, 한 번 부러지면 원래 모습을 찾기 힘들어요. 반대로 갈대 같은 사람은 흔들릴 때는 흔들릴 줄 알기에 강해 보이지는 않아도 절대 꺾이지 않죠. 그런 사람들이

진짜 자존감 높은 사람이자 알파남이라고 생각합니다.

울컥 눈물이 났다. 줄기가 흔들릴지언정 꺾이지 않고 묵묵히 내 길을 갈 수 있다면, 그런 사람이 진정으로 강한 사람이라면, 하루하루 오늘을 위해 살아가는 우리처럼 평범한 사람도 그런대로 강한 사람이 아닐까. 사담이지만 이 유튜버가 바로 지금 내가 몸담고 있는 '클래비스'의 대표인 박코다. 누군가와 함께 배를 타야 한다면 꼭 이 사람과 동승하고 싶다는 생각을 했었는데, 그날 방송을 계기로 나는 기꺼이 그의 선원이 되기로 결심했다. 인연이란 게 참 신기하다.

나는 앞으로도 수없는 난관 앞에 더 많이 흔들거리고, 더 많은 겁을 낼 것이다. 그런데 그게 뭐 어떻다는 것인가. 조금은 느릴지라도 내 자리에서 한 걸음 한 걸음 걸어 나갈 수 있다면 그게 강해지는 길이라고 생각한다.

지금 글을 읽고 있는, 오늘을 버텨 낸 당신. 오늘 하루도 하루 더 강해지느라 고생하셨습니다.

남의 말에 나를
의심하지 마라

본인이 의도했든 의도하지 않았든 자꾸 이상하게 태클을 거는 사람이 있다. 무슨 이야기를 해도 반박하고 또 꼬투리를 잡아 공격하려는 사람. 처음 한두 번은 웃으며 넘어가도 이런 식의 공격이 길어지면 머지않아 내 자존감은 큰 상처를 입게 된다. '그럼 중간에 화를 내거나 하지 말라고 강하게 얘기하면 되지 않나?' 하고 생각할 수 있겠지만, 그리 간단한 문제가 아니다. 대개 이런 공격은 나와 처음 보는 사람이 아닌, 의외로 가까운 거리에 있는 사람들이 하는 경우가 더 많기 때문이다.

특히 그 가까운 거리에 있는 사람이 나의 애인, 친구, 가족 범위에 해당하는 사람이라면 더 큰 문제가 된다. 이들은 모두 나를 위한다는 명목하에 상처를 줄 때가 많다. 물론 정말 나를 위해서 하는 조언이라면 쓰리더라도 받아들일 줄 알아야 한다. 현실을 외면한 채 그저 듣기 싫은 말이라고 귀를 닫아 버린다면 이는 아직도 내가 미성숙하다는 반증과도 같다. 그러나 우리는 바보가 아니다. 지금 내가 듣고 있는 말이 정말 나를 위해서 하는 뼈아픈 조언인지, 아니면 나를 깎아내리기 위한 공격인지 정도는 구분할 수 있다.

만약 그 말이 그저 상대가 본인의 우월감을 채우기 위해 쏘아 대는 공격이 맞다면 더 이상 들을 이유가 없다. 그렇다고 그 자리에서 바로 대꾸하며 맞서 싸울 것까지야 없지만 최소한 귀는 닫아야 한다. 부정적인 이야기도 한두 번이지, 근본 없는 공격을 지속적으로 받게 되면 나도 모르게 서서히 그 말을 믿어 버릴 수도 있다. 타인에 의해 자신을 의심하기 시작하는 순간 가스라이팅은 시작된다.

예를 들어 당신 곁에 있는 누군가가 끊임없이 "넌 정말 구제 불능이야.", "넌 한심해.", "넌 나 없이는 아무것도 못해."라는 말을 해 온다고 생각해 보자. 처음 몇 번은 분명히 대수롭지 않게 넘겼을 것이다. 그러다 슬슬 멘탈의 벽이 얇아지면서 조금씩 자신에 대한 의심이 들기 시작할 것이다. '내가 정말 그런 면이 있나?', '지금껏 남들 눈에는 내가 그렇게 보였나?' 이것이 우리가 남의 말을 적당히 걸러 들어야 하는 이유이다.

너무 남의 말에 흔들릴 필요 없다. 적어도 살면서 3번 이상 다른 사람에게 똑같은 이유로 비난을 받은 게 아니라면, 그건 썩 발전적인 비난이 아니다. 그러니 굳이 받아들일 필요 없다. 굳이 흔들릴 필요도 없다.

잃어버린
내 모습을 찾는 법

연애를 하다 보면 종종 본연의 내 모습을 잃어버릴 때가 있다. 하루하루 그 사람에 대한 생각으로 시간을 할애하고, 누군가는 그 사람이 마치 내 삶의 전부가 되어 버린 듯한 기분에 상실감을 느끼기도 한다. 마음이 점점 조급해지고 불안해지며 함께해도 함께인 것 같지 않은 괴로움마저 드는데, 나는 이런 현상을 '연애적 자존감'이 상실됐다고 표현한다. 이러한 연애적 자존감 상실을 겪게 되면 그 파급력은 실로 우리의 연애에만 영향을 끼치지 않는다. 일에도 흥미가 떨어지고, 학업에도 열정이 사라진다. 연애로 인하여 나의 삶 전체에 권태가 찾아오는 것이다.

자존감이 상실된다는 건 여러모로 참 무서운 말인 것 같다. 그렇다면 이런 순간이 왔을 때 우리가 실질적으로 할 수 있는 건 무엇일까? 운동과 독서? 새롭고 건강한 스포츠? 당연히 이런 요소들도 자존감을 되찾는 데에 큰 힘을 발휘하겠지만, 나는 이보다 더 쉽고 간편한 방법을 소개할까 한다. 바로 과거의 내가 가장 좋아했던 일에 돈을 써 보는 것이다.

그 사람을 만나기 전, 아무런 감정의 동요도 없었던 그때 그 시절의 내가 좋아하고 사랑했던 일에 용감하게 돈을 써 보는 것이다. 멋진 전시회에 가는 일이 될 수도 있고, 좋은 공연을 관람하는 일이 될 수도 있다. 먹는 것이든 입는 것이든 뭐든 상관없다. 아무런 고민도 없던 시절의 내가 사랑했던 것이라면 그 무엇이라도 좋다. 아깝다고 생각하지 말고 나를 위해 맘껏 즐겨 보는 것이다. 머지않아 아주 오랫동안 잊고 지냈던 예전의 내 모습과 마주할 기회가 생길 테니까.

끝없이 깊은 심연의 나락으로 떨어지던 시절, 다시 예전의 모습을 상기시켜 준 나만의 소중한 방법이다. 만약 지금의 당신도 점점 자신을 잃어 가는 중이라면 더 늦기 전에 먼저 손을 뻗어 나를 잡아 주자. 상심하지 말자. 단 한 번이라도 행복했던 순간이 있었다면 당신은 충분히 다시 행복해질 수 있으니.

나와 반대되는
이미지를 찾아라

흔히 인기가 많다는 사람들은 모두 저마다의 양면성을 가지고 있다. 조신함과 과감함, 냉정함과 다정함, 남성성과 여성성 등 아무리 알게 된 시간이 짧아도 대개 이러한 양면성을 지닌 사람은 오래도록 기억에 남게 된다. 반전이 주는 임팩트가 강하기 때문이다.

평소 말이 없고 조용하던 사람이 활동적인 스포츠광이었거나 한눈에 봐도 강한 인상을 풍기는 사람이 작고 아기자기한 취미를 즐기는 모습에 우리는 신선함을 느낀다. 가지고 있는 두 가지의 색채가 명확하게 다르니 호기심이 생기는 것이다.

최근 한 서바이벌 댄스 프로그램에 '오드리'라는 미국의 댄서가 출연해 화제가 된 적이 있다. 한없이 맑고 천진난만하게 보이던 그녀가 댄스 배틀이 시작되자 누구보다 매서운 춤으로 카리스마 넘치게 무대를 장악했기 때문이다. 방송 이후 그녀는 프로그램에서 가장 주목받는 댄서 중 한 사람이 되었고, 그날 방송을 본 시청자들은 모두 그녀의 팬이 되었다.

당연히 나 자신을 있는 그대로 받아들이고 내세우는 태도도 중요하다. 하지만 지금보다 더 많은 사람이 나에게 매력을 느끼게 만들고 싶다면 스케치 된 그림에 색을 덧칠하듯 나만의 강점을 더욱 진하게 칠하는 것도 멋진 전략이다.

과연 나와 반대되는 이미지는 무엇일지 곰곰이 생각해 보자. 아마 대부분 사람은 이에 대해 깊게 고민하지 않을 것이다. 그렇기에 더욱 희소하고 더욱 경쟁력 있는 구간이 아닐 수 없다. 조금씩 시간을 들여 나만의 반전을 만들면 감히 확신하건대 지금보다 훨씬 많은 사람이 당신을 알고 싶어 할 것이다.

자존감이 낮을수록
하게 되는 말

최근에 시작한 새로운 사업을 준비하면서 운 좋게 다양한 사람들을 만나 볼 기회가 있었다. 사람에 대한 콘텐츠를 만드는 나로서는 새로운 누군가를 만난다는 것 자체가 감사한 일이다. 대신 일상 속에서도 콘텐츠의 영향이 지대해서 그런지 아무래도 사람을 볼 때 좀 더 유심히 관찰하는 습관이 있다. 물론 짧은 시간 안에 그 사람의 특징을 다 파악할 수는 없지만 몇 가지는 확실하게 볼 수 있는 눈이 있다. 자존심이 얼마큼 센 사람인지, 자격지심이나 열등감 따위가 있는 사람인지 정도 말이다.

그중 유독 자존심은 강하면서 자존감이 낮은 사람들이 있는데, 그들은 종종 본인의 성향과 반대되는 언행을 보이곤 한다. 예컨대 본인은 매우 자존감이 높다, 돈을 얼마큼 벌었다, 지금까지 연애를 이 정도 해 봤다 따위를 일부러 말로 뱉는다. 하지만 대부분이 자신의 부족한 내면을 가리기 위해 방어 기제로 사용하는 것이지, 여유와는 전혀 거리가 멀다. 돈에 자격지심이 있는 사람은 돈으로 자존심을 부리고, 연애에 자격지심이 있는 사람은 연애로 자존심을 부리는 것이다.

그러다 어느 날은 자존감이 대단히 높고 자신에 대한 믿음이 엄청난 사람을 만난 적이 있다. 여유, 분위기, 기세… 모든 면에서 묘하게 사람을 압도하는 카리스마가 풍기던 사람이었다. 문득 궁금해졌다. '이렇게 완벽한 사람은 노력을 통해 완벽해진 걸까?', '그렇다면 무슨 노력을 해야 이렇게 될까?' 같은 생각이 머릿속을 휩쓸었다. 말꼬가 트이고 농담이 오가면 타이밍을 잡아 가볍게 칭찬을 던지며 질문해 볼 셈이었다. 분위기는 생각보다 좋게 흘러갔고, 기회가 오자마자 이때다 싶어 바로 말을 붙였다.

"대표님은 가만히 계셔도 자존감이 뿜어져 나오는 게 느껴져요. 너무 부럽습니다."

이후 돌아오는 말은 가히 충격이었다.

"하하, 감사합니다! 요즘은 '자존감' 이런 게 유행이라면서요?"

그는 자존감에 대해 한 번도 깊게 생각해 본 적이 없던 것이다. 그때 정말로 자존감이 높은 사람은 아예 자존감 자체를 신경 쓰지 않는다는 사실을 깨달았다. 그저 해야 할 일을 열심히 하고 성과를 내며 살아갈 뿐이다. 가끔 넘어지는 컨디션의 문제는 있어도 그것이 슬럼프까지 연결되지는 않는 모양이다. 그래서 오늘부터는 나도 작전을 바꿀 예정이다. 자존감 키우는 연습이 아니라, 자존감 따위를 잊을 만큼 열심히 사는 쪽으로.

화나는 곳에는 종종
열등감이 숨어 있다

　살다 보면 불현듯 예민해지는 순간이 있다. 누군가 나의 건드리지 말았으면 하는 부분을 건드리거나 언급하면 순식간에 짜증이 나고 기분이 불쾌해진다. 정작 똑같은 말을 들은 옆 사람은 비교적 무감각해 보이는데 말이다. 사람은 저마다 화를 내는 포인트가 다르다. 같은 말이라도 누구는 불같이 화를 내고, 누구는 웃으며 맞장구를 친다. 그런데 한번 가만히 생각해 보자. 나는 왜 그 부분에 대해 유독 화가 많은 걸까?

　누구라도 들으면 욱할 만한 인격적인 공격이 아닌 이상 우리가 화를 내는 수많은 포인트에는 저마다의 열등감이 숨어 있다고 생각한다. 한참 돈이 없어 그 좋아하는 아메리카노 한 잔을 사 먹지 못하던 때가 있었다. 당시에는 돈과 관련된 모든 이야기가 나를 그토록 예민하게 만들었다. 누가 좋은 곳에 취업했네, 돈을 많이 모았네 하는 종류의 이야기가 들릴 때마다 기가 죽었고, 기죽는 나 자신에게 더 화가 났다.

스트레스로 인해 급격하게 살이 올라 다이어트를 할 때는 SNS에 올라오는 탄탄한 몸매의 셀럽들 사진이 그렇게 나를 불쾌하게 했다. '아니, 부끄럽지도 않나?', '왜 이런 사진을 올리고 난리야?', '난 죽었다 깨어나도 이런 짓은 못하겠다!' 등등 속을 끓였다. 그런데 이제 와 생각해 보면, 그 시절 그토록 나를 화나게 했던 돈 이야기와 탄탄한 복근 사진 뒤에는 내가 갖지 못하는 것에 대한 열등감이 숨어 있었다. 사실은 부러웠고 그걸 부러워하는 내 모습을 받아들이는 게 퍽 자존심 상했다.

평소에 내가 남들에 비해 화가 많은 타입이라면 화를 내기 전에 한 번만 본인을 점검해 보기를 바란다. 지금 내가 왜 이렇게 예민하게 행동하는 건지, 혹시 이 안에 나도 모르는 열등감이 숨어 있는 건 아닌지 하고 말이다. 한 가지 놀라운 사실은 화가 올라오는 시점에 이런 필터를 한 번만 거쳐도 상당 부분은 화가 누그러진다는 것이다. 자존감 높은 사람이란 남들에게 아무런 타격도 입지 않는 사람이 아니다. 타격을 입어도 아무렇지 않게 흡수하고 언제든 맞장구칠 수 있는 사람이 정말 자존감이 높은 강한 사람이다.

불안해하지 마
어차피 지나가

얼마 전, 정말 보고 싶었던 뮤지컬 공연의 티켓을 어렵게 예매했다. 티켓팅이 가장 빡세기로 유명한 인기 공연이었는데, 그것도 심지어 VIP석을 내 힘으로 구한 것이다. 2주 내내 나의 컨디션은 최상이었다. 하루하루가 기대로 가득 찬 나날이었다. 시간만 나면 공연의 티저 영상을 보며 노래를 따라 부르고 다닐 정도였으니 말이다. 그런데 그토록 손꼽아 기다려 온 공연 당일, 예상치 못한 일이 벌어졌다. 원래 공연을 보러 갈 때는 시간을 맞추기 위해 항상 대중교통을 이용하는데, 그날은 따로 차를 몰아야 하는 상황이 생겼다. 그래서 어쩔 수 없이 차를 끌고 공연장으로 향해야 했다. 그리고 도로는 미친 듯이 막히기 시작했다.

공연 시간을 맞추려면 7시까지는 주차장에 도착해야 했다. 그런데 7시는커녕 시작 전에만 들어가도 감지덕지한 상황이 된 것이다. 뮤지컬의 경우 공연이 시작하면 입장이 불가능하고, 입장이 되더라도 1부가 지나거나 20분간 대기 후 들어가는 게 대다수다. 꿈에 부풀었던 지난 시간이 순식간에 부정당하는 기분이었다.

겨우겨우 공연장에 도착하여 시간을 보니 6분이나 늦게 도착했다. 곧바로 현장 매니저에게 사정을 설명했더니 입장은 가능하나 30분 이후에나 들어갈 수 있다는 답이 돌아왔다. 갑자기 감당할 수 없을 만큼의 짜증이 밀려왔다. 차를 가지고 오면서 늦을 상황도 계산하지 못한 내가 미웠고, 그 비싼 돈을 주고 손꼽아 기다려 온 공연을 30분이나 놓쳤다는 사실이 원통했다. 당시의 기분으로는 차라리 그냥 집에 가고 싶었다. 허탈감에 더 이상 흥미도 생기지 않았다.

다행히 같이 간 여자 친구의 설득으로 멘탈을 조금 잡고 간신히 공연장에 입장했으나 기분이 우울해져서 그런지 공연이 별로 눈에 들어오지 않았다. 하지만 그런 기분도 잠시, 화려한 연출과 배우들의 눈부신 가창력에 놀라 단숨에 공연 속으로 빠져들기 시작했다. 마지막 커튼콜에서는 거의 눈물을 흘리며 기립했다. 그렇게 공연장에서 빠져나와 차에 시동을 거는데 자꾸만 웃음이 났다. 온종일 초조하고 심란했던 마음이 겨우 2시간 만에 이렇게 뒤집힐 수 있다니. 이렇게 기분 좋게 나올 거면서 왜 그리 성을 내고 화를 냈는지, 돌아오는 내내 여자 친구에게 미안한 마음뿐이었다.

감정은 결국 지나간다. 기쁨도, 초조함도, 분노도 시간이 지나면 눈 녹듯 사라진다. 사랑에서 오는 격한 마음도, 일에서 오는 짜증도 넓게 보면 한낱 지나가는 감정에 불과할 텐데, 서둘러 불안해지고 그 불안에 영향을 받을 필요가 있을까. 늦은 건 분명한 잘못이지만, 고맙게도 그날의 지각은 내게 큰 가르침을 선물해 주었다.

누가 뭐래도 나는
나만의 속도로 간다

　근래 들어 유독 '성공'과 '자수성가'라는 키워드가 많은 사람의 관심을 끌고 있다. 솔직히 아주 오래전부터 돈을 다루는 콘텐츠가 인기가 없던 적은 없었지만, 요즘 유난히 더 각광을 받는 느낌이다. 여기에는 경제적 자유를 외치는 수많은 베스트셀러와 유튜버, 부의 법칙을 가르치는 강사들이 늘어난 것도 영향을 미쳤을 것이다.

　물론 일찌감치 돈에 대한 개념에 눈을 뜬 사람은 그렇지 못한 사람보다 많은 부를 축적하는 게 사실이다. 그들은 남는 시간을 활용해 재테크를 하기도 하고, 주식을 공부하기도 하며, 어린 시절부터 저마다의 인사이트를 넓혀 간다. 그런 의미에서 본다면 돈을 다루는 콘텐츠가 돈에 대한 경각심을 더 빨리 갖게 한다는 점에서는 장점이라고 생각한다. 그러나 투자한 시간에 비해 너무나 큰 액수를 벌어들이는 콘텐츠가 누군가에게는 상실감으로 느껴지기도 한다.

아직 벌이가 없는 어린 사람에게는 돈을 버는 게 쉬운 거라는 잘못된 인식을 심어 주기도 한다. 한때 부모님의 월급으로 200충, 300충 하며 등급을 나누던 초등학생들의 충격적인 밈도 어찌 보면 이런 잘못된 경제관념이 낳은 결과라고본다. 콘텐츠를 업으로 하는 사람의 입장에서 정말 냉정하게말하자면, 아무리 완벽히 짜인 틀이 있다 해도 모든 사람이큰돈을 버는 건 아니다. 무슨 일을 하건 큰돈을 벌기 위해서는 필요한 때 기적처럼 운도 따라야 하고, 어느 순간에는 무지성으로 밀어붙이는 강단도 있어야 한다.

누군가는 노력이 부족해 그런 거라고, 노력만 하면 안 될게 어디 있냐고 반박할지도 모르겠다. 미안하지만 더 솔직히말해서 미친 듯이 노력하고 죽어라 밀어붙이는 것도 재능의영역이다. 부디 이런저런 잣대에 부딪혀 혼자 상처받는 일이없었으면 좋겠다.

죽도록 하고 싶은 것도 없고, 관심 가는 것도 없어 고민이라는 사람을 만나면 항상 하는 질문이 있다. "그래서 지금 하고 있는 건 열심히 하고 계신가요?"라는 물음이다. 그러면 열중에 아홉은 그렇지 않다고 말한다. 군이 무언가에 미치지 않아도, 성공하지 않아도 충분히 행복하게 또 사랑받으며 살 수 있다. 오히려 그런 소소한 삶에서 진짜 행복을 찾는 경우도 많다. 그리고 바로 그것이 모든 종교와 인문학을 관통하는 일상에서의 행복이다.

〈원피스〉라는 만화를 아는가? 모든 해적이 해적왕을 꿈꾸지만, 정작 해적왕이 되는 자는 한 사람뿐이다. 그러나 해적왕이 되지 못했다고 좌절하는 해적은 없다. 끝내 선택받은 한 사람이 되지 못했을지언정 그들은 저마다 강하고 동료들과 행복한 모험을 즐긴다.

'성공한 사람의 인생은 성공한 이후에 포장이 되어, 뒤에 올 사람들의 인생을 망친다.'

평소 좋아하는 유튜버 형님이 자주 하는 말이다. 그러니 남의 기준에 나를 맞춰 흔들리지 말자. 누가 뭐래도 나는 나만의 속도로 오늘 하루 최선을 다할 뿐이다. 상황에 따라 연애의 주도권은 뺏길 수 있어도 행복의 주도권은 양보하지 말자.

제가 언제까지
예의 바를 줄 알았어요?

모처럼의 쉬는 날, 아무 생각 없이 리모컨 전원을 눌렀는데 늘 봐야지, 봐야지 하다 결국 종영해 버린 드라마가 재방하고 있었다. 운이 좋다고 생각하며 자세를 고쳐 앉고 볼륨을 키웠다. 그러다 때마침 출출하기도 했고 뭐라도 먹으면서 보고 싶은 마음에 배달 앱을 서핑하던 중, 드라마 속 대사 한 줄이 나를 멈춰 세웠다.

"왜 너는 끝까지 예의 없었으면서, 나는 너한테 끝까지 예의 지켜야 하는데?"

가히 머리를 때리는 충격이었다. 불교에서는 이걸 '할'이라고 하던가. 문득 일전에 친구에게 한 소리 들었던 일이 생각났다.

"야, 네 차에는 클랙슨이 없냐?"

비매너로 차를 모는 운전자가 명백히 내 진로를 방해했음에도 그 흔한 빵빵 소리 한 번 내지 않은 나를 꼬집는 말이었다. 돌아보니 운전할 때뿐만 아니라 일할 때도, 사람을 대할 때도 혼자 양보하고 배려하며 살았던 시간들이 눈앞을 스치기 시작했다.

왜 나는 이렇게 살았을까? 답은 간단했다. 나는 누군가가 나로 인해 불편해지는 걸 견딜 수가 없었다. 그건 피해를 주는 일이니까. 그럼 매너 있는 사람이 아니니까. 이제껏 상대가 나에게 피해를 주는 그 순간에도 이런 생각에 사로잡혀 있었다니, 이 얼마나 부끄러운 일인가.

지금의 나는 더 이상 예의를 절대적인 덕목이라고 여기지 않는다. 그렇다고 버릇없이 막산다거나 누구에게든 함부로 대한다는 뜻이 아니다. 사회생활을 하는 사회인이라면 예의는 기본적으로 갖춰야 할 옵션이다. 굳이 비유하자면 기본 옵션이 선택적 옵션이 되었다고나 할까?

지금도 누군가 시비를 걸면 싸우지 않고 무시해 버린다. 단지 그 무시하는 과정이 썩 예의 바르지 않을 뿐이다. 작업할 때도 예의를 지키지 않는 파트너를 만나면 싸우려 들지 않고, 오히려 조곤조곤 할 말을 한다. 단지 그 과정이 공기가 차갑게 얼어붙을 만큼만 예의가 없을 뿐이다. 매너의 인풋과 다른 아웃풋이 돌아올 때는 내키지 않아도 그 온도를 맞춰야 다시는 그런 일이 반복되지 않는다.

그리고 그런 시간이 길어지면 장담컨대 당신을 만만하게 보거나 업신여기는 사람은 어디에도 없을 것이다. 요즘 들어 먼저 예의 없이 굴어 놓고도 따듯한 대우를 바라던 사람들이 찬바람을 맞으면 내게 하는 말이 있다.

"생각했던 거랑 많이 다르시네요?"

보통은 겉으로 조용히 웃으며 넘어가지만, 속으로는 나도 똑같이 말해 준다.

'제가 언제까지 예의 바를 줄 알았어요?'

분위기 있는 사람은
어떤 사람일까?

 분위기 있는 사람이란 어떤 사람일까? 말투가 교양 있고 고풍스러우면 분위기 있는 사람일까? 아니면 옷을 단정하고 깔끔하게 입어야 분위기 있는 사람일까? 결론부터 얘기하면 분위기란 그 사람 자체의 타고난 아우라라고 생각한다. 물론 후천적인 노력을 아예 무시할 수는 없지만, 최소한 누군가를 닮고 싶다고 무작정 따라 할 수 있는 영역 또한 아니다.

 분위기에 관한 나의 연구는 꽤 역사가 깊다. 초밥 가게에서 아르바이트를 하던 21살 무렵에는 늘 댄디한 셔츠에 로퍼를 신고 출근하는 주방 형님의 분위기에 반해 한동안 어울리지도 않는 셔츠를 빳빳이 다려 입고 다녔다. 솔직히 몹시 불편하고 답답했으나 이렇게만 입으면 나도 그의 분위기를 닮아 인기가 많아질 줄 알았다. 하지만 세상은 역시 호락호락하지 않은 법. 한여름 무더위와 싸워 가며 그토록 열심히 셔츠를 입어 댔건만, 홀에 있는 여직원들은 내게 눈길 한 번 주지 않았다.

그렇게 혼자 셔츠로 고군분투하던 어느 날, 새 직원이 들어왔다. 참고로 이 직원은 내게 큰 깨달음을 준 사람이나 다름없는데, 나는 아직도 그날 그의 옷차림을 잊을 수가 없다. 담배 냄새가 진하게 밴 청재킷에 언제 마지막으로 미용실에 간 건지 가늠조차 안 되는 수더분한 긴 머리, 오뚝한 콧날 아래로 듬성듬성 자라 있는 수염까지. 정말이지 내가 생각하는 분위기와는 아득히 거리가 먼 사람이었다. 그런데 이게 무슨 일인가. 그 직원이 온 이후로 가게에는 놀라운 일이 벌어지기 시작했다.

가게에 있는 모든 여직원은 물론 방문하는 손님들까지 그 직원에게 호감을 보였고, 급기야 일을 시작한 지 얼마 되지도 않아 사장님의 모든 총애를 혼자 독차지하기 시작했다. 수개월간 허투루 셔츠만 입고 다닌 나의 입장에서는 퍽 당황스러운 광경이 아닐 수 없었다.

'도대체 비결이 뭐지?'

하루는 그 직원과 장을 보러 갔다. 그다지 친한 사이는 아니었지만, 그동안 가게에서 느껴온 것들을 전부 털어놓은 후 조언을 구했다. 나름 용기 내서 진지하게 건넨 질문이었는데 어찌나 웃던지. 하긴, 본인보다 10살이나 어린 동생이 자신을 그토록 세밀히 분석했다니 어이가 없을 만도 하다.

"비결? 글쎄, 일단 너한테 제일 잘 어울리는 게 뭔지부터 알아야지."

단 한 번도 해 본 적 없는 생각이었다. 당장 눈앞에 있는 사람의 멋이 부러워 그의 분위기만 흉내 내고 다녔을 뿐, 정작 나에게 제일 잘 어울리는 것이 무엇인지에는 관심이 없었다. 그날 이후로 나는 더 이상 누군가를 흉내 내지 않는다. 다만 내가 입었을 때 제일 편하고 좋은 옷, 내가 말할 때 제일 편하고 자연스러운 말투로 사람을 대하는 데 집중한다.

그 결과, 지금 내 주변에는 그런 나의 분위기를 좋아하고 인정해 주는 사람들이 모여 있다. 분위기란 일부러 누군가를 모방해서 어울리지 않는 옷을 입는 게 아니다. 옷도 내가 입었을 때 마음에 들고 편안한 옷이 자신감을 주듯, 우리도 오직 우리만의 멋으로 살면 그만이다. 세상도 그런 사람을 매력적인 사람이라고 불러 주지 않던가.

성장하고 싶은 만큼
불편해지자

혼자 일하는 프리랜서에게는 시간이라는 개념이 과히 무겁게 다가오지 않는다. 아마 출퇴근의 압박이 덜해서일까. 얼핏 듣기에는 마냥 편하고 좋아 보이지만 이런 식의 패턴이 꼭 장점만 있는 건 아니다. 시간을 효율적으로 관리하지 않으면 쓸데없는 생각과 행동을 하게 되고, 자칫하면 끝도 없이 게을러지고 우울해지기 십상이다. 그래서 그런지 프리랜서들 사이에서는 우울증이 특별히 놀라운 일이 아니다.

처음으로 서울에 사무실을 얻던 날, 앞으로는 절대 시간에 치여 살지 않겠다고 굳게 다짐했다. 하지만 역시 사람은 쉽게 변하지 않는다. 주변에서 무어라 해 주는 사람이 없다 보니 아무리 일을 벌여도 늘 3일도 가지 못해 흐지부지되고 말았다. 변화가 필요하다는 것을 깨닫고 몇 날 며칠을 고민하다가 여자 친구에게 고했다. 매일 아침 9시까지 사무실에 출

근해서 인증샷을 보내지 않으면 벌금 2만 원을 내겠다고.

우습지만 이렇게까지 했는데도 바로 고쳐지지는 않았다. 매일 지각하고 벌금을 냈다. 그런데 일주일이 지나고 여태 껏 느껴 보지 못했던 감정이 올라오기 시작했다. 벌금을 내는 시간이 다가올 때마다, 쌓여 가는 벌금을 볼 때마다 마음이 불편해졌다. 나로 인해 만들어진, 내가 자초한 불편함이었다. 누군가를 탓하거나 핑계를 댈 수도 없었다.

벌금을 내기 싫다는 무의식이 발동한 것인지 이상하게 그 다음부터는 아침만 되면 마음이 급해지기 시작했다. 그렇게 벌금 시스템을 도입한 지 4개월이 지난 지금, 나는 변했다. 열 번을 출근하면 아홉 번은 지각하던 패턴이 지금은 한 달에 한두 번 늦는 정도로 빈도가 줄었다. 아침에 쓸 수 있는 시간이 늘어나니 더 이상 시간에 치이지도 않았다.

편해지면 안주하게 된다더니, 늘 전적으로 공감하는 말이다. 너무 편한 곳에 오래 앉아 있다 보면 그대로 약해질 때가 많다. 변화하고 싶어도 혼자만의 힘으로는 한계가 있으므로 최대한 주변에 도움을 청하고 용기 내어 나에게 페널티를 부여해 보자. 도망칠 곳 없는 불편한 환경을 만들어 보는 것이다. 그래서 나는 매일 조금씩 나를 불편하게 만드는 중이다. 모두 내가 책임져야 할 일이기에 내심 두렵고 걱정되지만, 그만큼 더 용감하게 성장하고 싶다. 운동도 한바탕 근육통이 지나간 후에 탄탄한 근육이 자리 잡듯, 지금의 이 불편함도 더 탄탄한 내 삶의 근육이 되어 줄 거라 믿는다.

나는 더 베풀고
살기로 했다

주말에 약속이 잡혀 차를 빼려고 내려가 보니 웬 처음 보는 차 한 대가 떡하니 내 차를 가로막고 있었다. 심지어 남의 주차장에 차를 대면서 전화번호 하나 걸어 두지 않았다. 어처구니가 없었다. 목청껏 차주를 불러 보고 이웃 주민들에게 전화도 해 봤지만 주인을 찾지 못했다. 보험사에도 물어보고 경찰에 신고도 해 봤으나 당장에 차를 뺄 방법이 없었다.

결국 40분을 내리 기다리다 어쩔 수 없이 택시를 타고 간다는 메모만 남겨 둔 채 자리를 떴다. 당연히 약속도 늦었다. 가는 내내 화가 나고 억울했지만 혼자 화내 봐야 달라질 건 없었기에 그냥 꾹 눌렀다. 그렇게 애써 잊은 척하며 저녁을 먹고 있는데 전화 한 통이 걸려 왔다. 아까 통화한 이웃 주민의 번호였다.

"예! 저 위에 사는 사람인데요! 퇴근하고 와서 보니까 진짜 처음 보는 차가 서 있더라고요? 근데 거기 있는 메모를 보는데, 제가 너무 화가 나서 기다리다가 잡았어요! 아주 어린놈

이더구만, 이거! 제가 구청에 고발도 하고 시원하게 욕도 한 마디 해 줬으니까 이제 두 번 다시 여기에는 못 댈 겁니다! 너무 신경 쓰지 마시고 잘 다녀오세요!"

그 말을 듣는데 10년쯤 묵은 체증이 확 내려가는 기분이었다. 쉽게 지나칠 수 있는 남의 일을 이렇게나 적극적으로 도와주다니. 다음 날 이웃 주민분 문 앞에 감사의 마음을 담은 쪽지와 커피 한 박스를 두고 왔고, 그날 저녁에 바로 답장이 왔다.

[별거 아닌데 이렇게 챙겨 주셔서 감사합니다. 제 주변에 좋은 이웃이 있어 행복하네요. 다음에 만나면 먼저 인사드리겠습니다. 남은 하루 좋은 시간 보내세요.]

살면서 나 때문에 누군가가 행복하다는 말을 들어 본 적이 있었던가. 일에 치여 팍팍하게 살기만 하다가 이토록 따뜻한 문자를 받아 본 게 얼마 만인지 모르겠다. 가뜩이나 요즘처럼 흉흉한 세상에 이런 좋은 사람들이 내 곁에 있다는 사실에 눈물이 났다. 그래도 이 세상에는 아직 좋은 사람이 더 많다고 말할 때마다 늘 크고 작은 반박이 잇따랐는데, 몸소 좋은 사람을 마주하니 그간의 믿음이 잘못되지 않았다는 걸 증명

받는 기분이었다.

　고로 나는 앞으로도 믿을 것이다. 더 좋은 사람, 더 친절한 사람들이 넘쳐 나는 세상이 될 때까지 힘닿는 대로 먼저 호의를 베풀고 다닐 작정이다. 돌아올 것도 생각하지 않고 호의를 베푼 저 이웃처럼.

조용히 상대를
내 팬으로 만드는 방법

일전에 주체적으로 진행한 행사에서 의외의 화환을 받은 일이 있었다. 못 본 지 꽤 오래된 친구가 보내온 것이었는데, 분명 행사 전까지 단 한 통의 연락도 없었고 평소에 안부를 자주 주고받던 사이도 아니었다.

"어? 뭐지? 얘가 왜 갑자기….."

잘못 보냈나 하는 생각까지 들었지만, 화환에는 분명히 '석구리'라는 이름이 적혀 있었다. 행사를 마치고 대기실에 들어서자마자 친구에게 전화를 걸었다. 정확히 2년 만에 한 연락이었다.

"야, 너 뭐냐? 왜 말도 없이 이런 걸 보내!"

친구는 곧바로 시치미를 뗐다. 참으로 오랜만에 들어 보는 장난기 어린 말투였다.

"어? 무슨 말이야? 내가 너한테 왜 그런 걸 보내? 나 너 싫어해."

한참을 옥신각신하다 친구는 단지 행사를 주최한다는 공지 글만 보고서 화환을 보낸 거라며 속내를 털어놓았다. 시간을 내기가 어려워 직접 가지는 못하니 마음이라도 보낸다는 말과 함께 말이다. 순식간에 고마운 마음이 마구 솟구쳤다. 정말 아무것도 모르고 호의를 받은 것이다. 만약 그 친구에게서 화환을 보낸다는 연락을 미리 받았더라면 분명 극구 말렸을 터이다. 물론 그렇게 했더라도 당연히 고마운 마음이 들었겠지만, 장담컨대 이토록 감동을 받지도 않았을 것이다.

그 이후로는 명절날 어른들을 제쳐 두고 내가 1순위로 연락하는 친구가 되어 버렸다. 앞으로도 그 친구가 하는 일에 있어서 내가 조금이라도 힘쓸 일이 있다면 최선을 다해 도울 것이다. 이 사건 덕분에 갑자기 들어오는 비난이 사람을 뒤흔들어 놓듯, 갑자기 들어오는 호의도 만만찮게 사람을 흔든다는 사실을 깨달았다.

어쩌면 최고의 생색은 생색을 내지 않고 기다리는 것이 아닐까. 반응이 곧바로 오지는 않더라도 상대는 반드시 고맙게 생각할 것이다. 요컨대 감동을 주고 싶다면 부담이 되지 않는 선에서 호의를 던지고 묵묵히 기다려 보자. 어쩌면 그도 나처럼 당신의 열렬한 팬이 될지도 모른다.

프로필 사진은
숨겨진 매력을 보여 주는
완벽한 무기다

의외로 많은 사람이 사진의 중요성을 간과하는 경향이 있다.

"저는 워낙 보여 주는 걸 싫어해서….."

"저는 사진을 못 찍어서 자신이 없어요….."

물론 사진 찍는 걸 정말 안 좋아하는 사람에게 굳이 찍으라고 등을 떠밀 생각은 없다. 하지만 늘 연애 시장의 트렌드를 분석하고 남녀의 심리를 공부하는 내 입장에서는 수많은 이가 사진의 중요성을 간과하는 것이 너무나 안타깝다. 사진이야말로 내 숨겨진 모습을 보여 주는 가장 강력한 무기이기 때문이다.

종종 매력과 관련된 주제로 글을 쓰거나 강연할 때면 늘 하는 말이 있다.

"그와 함께 있는 시간에 보여 주는 매력은 50%밖에 안 됩니다. 나머지 50%는 함께 있지 않은 시간에 보이는 모습으로 채우는 거죠."

그리고 함께 있지 않은 시간을 매력으로 채워 주는 데 가장 빠른 역할을 하는 것이 바로 프로필 사진이다. 요컨대 보이는 모습에는 한계가 있다. 나를 매력적으로 봐 줬으면 하는 사람이 24시간 내내 옆에 있는 건 아니니까. 그래서 사진은 만나는 시간과 별개로 나를 생각하게 만들고, 잘 세팅하면 생각보다 쉽게 내가 원하는 이미지로 느끼게끔 유도할 수 있다. 아울러 아직 만나지 않은 사람에게조차 내 이미지를 만들 수 있다. 만약 이별한 상황이라면 사진 속에 추억을 담거나 상대가 질투할 만한 요소를 담아 재회를 유도할 수도 있다. 고작 사진만으로 이 모든 상황이 가능한데 사진을 활용하지 않고 있다니, 내 입장에서는 답답할 수밖에.

누군가에게 더 빨리 매력적인 모습을 보여 주고 싶다면 오늘부터라도 조금씩 사진에 관심을 가져 보는 게 어떨까. 이쯤에서 무슨 사진을 어떻게 찍어야 할지 모르겠다는 이들을 위해 작은 팁 몇 가지를 알려 주겠다.

1. 주야장천 같은 컨셉의 사진은 피하라

무조건 많이 세팅해 둔다고 좋은 것은 아니다. 예컨대 100장의 사진이 전부 다 본인의 셀카이거나 음식 사진이라면 일관성은 있어도 당신의 매력을 파악하는 데에는 어려움이 있다.

2. 감각적인 모습과 지적인 모습을 섞어라

오늘 운동하는 멋진 사진을 올렸다면 다음 날에는 책 읽는 사진을 올리는 식이다. 책 읽는 사진을 올렸다면 그다음에는 잘 차려입은 모습의 전신사진을 올리고, 또 그다음 날에는 전시회나 영화 등 문화생활을 즐기는 사진을 올리는 것이다. 복잡해 보일 수 있지만, 이는 보는 이의 감정과 이성을 동시에 자극한다. 아마 사진을 넘길 때마다 당신이 더욱 다채롭고 매력적인 사람으로 인식될 것이다.

3. 셀카를 올린다면 기왕이면 웃는 사진으로

개중에는 인상을 쓰거나 아예 얼굴이 안 보이는 사진만 올리는 사람이 있다. 특별히 의도한 연출이 있는 게 아니라면 웬만해서는 웃는 모습, 화사한 모습의 긍정적인 사진이 보는 이의 무의식을 자극한다. 그럼 묘하게 자존감이 높아 보여 친해지고 싶다는 마음이 들기도 한다.

이제 어느 정도 준비가 되었다면 조금씩 연구하여 천천히 세팅해 보자. 억지로 할 필요는 없지만 숨겨져 있는 당신의 매력을 끄집어낼 소중한 기회인데 그저 묵혀 두기에는 너무 아깝지 않은가.

이상하게 마음이
열리는 사람

　하루 동안에 연애 상담을 요청하는 이메일과 DM이 수없이 쏟아질 때가 있다. 특히 영상을 올린 날이면 평소 양의 2배 이상이나 되는 메시지가 쌓인다. 얼마나 답답하고 마음이 아프면 도움을 청하는 걸까 싶어 한 분 한 분 정성스레 답하고 싶지만, 하는 일이 많다 보니 일일이 답신을 보내기가 여간 부담스러운 게 아니다. 그래서 고민 끝에 답장을 일절 드리기 어렵다는 글을 올렸다.

　그런데 사람 마음이란 게 참 이상하다. 그렇게 마음을 굳혔건만 읽다 보면 유독 답장이 하고 싶어지는 사연이 있다. 여러분이 생각하기에는 어떤 사연일 것 같은가? 가장 상황이 안 좋고 수위가 높은 사연? 아니다. 그렇게 따지면 가벼운 마음으로 도움을 청하는 사람이 어디 있겠는가. 바로 내용과는 상관없이 읽는 이에 대한 배려가 느껴지는 사연을 읽으면 이상하게 답장 욕구가 샘솟는다.

여기 두 명의 사람이 당신에게 도움을 청했다고 가정해 보자. 첫 번째 사람은 구구절절 자신의 상황을 나열하며 제발 도와 달라는 말만 반복한다. 물론 상황은 안타깝지만 그리 마음이 가지는 않는다. 반면 두 번째 사람은 자기소개와 더불어 먼저 정중히 양해를 구한다. 꼭 답장해 주지 않아도 좋으니 부담을 느끼지 말아 달라는 배려와 함께.

이렇게 배려 섞인 연락이 오면 심하게 마음이 흔들린다.
'앗, 당장 시간이 없는데…. 해야 할 일이 산더미인데….'
결국에는 한참을 고민하다 답장을 보내고 만다.
[잘 읽었습니다. 잠시 대화 가능하세요?]

사람들은 의외로 나의 상황에 큰 관심이 없다. 남의 일이기 때문이다. 그런데 남이라고 여겼던 사람이 나에 대한 존경을 보이며 배려해 주기 시작하면 놀라운 변화가 일어난다. 그 사람에게 어떤 문제가 생겼을 때 분명 남의 일인데도 그 문제가 잠시 내 일처럼 느껴지는 것이다.

한 번쯤은 대우에 앞서 배려를 보여 보자. 결코 손해 본다고 생각하지 마라. 당신도 어느새 이상하리만치 마음이 열리는 사람이 되어 있을지도 모르니.

Part 2

나는 이제
나를 위해 살 거야

내가 어떤 사람인지를 알아야
행복해질 수 있다

인생은 우리가 상상할 수 있는 것보다 더욱 복잡하고 예측하기 어렵다. 우리가 바라는 상황과 현실 사이에는 간극이 존재하며 어떤 날은 상상조차 하지 못한 일이 벌어지기도 한다. 그렇기에 저마다의 행복과 안정을 찾으려 하지만 생각보다 쉽지 않다.

누군가는 돈, 지위, 사회적 인정, 유명세 등과 같이 외적인 것들에서만 행복을 찾으려고 한다. 하지만 이러한 것들은 일시적이며 결국 만족스러운 행복감을 주지 못한다. 더 많이 가진 사람, 더 높은 자리에 있는 사람이 나타나면 만족감이 한순간 열등감으로 변질되기 때문이다. 실제로 나는 영원한 행복을 찾기 위해 끊임없이 보이는 것만을 좇다 끝내 욕심과 불안만 떠안게 된 사람을 여럿 보았다.

그렇다면 어떻게 해야 더 행복해질 수 있을까? 행복은 좇는 것이 아니라 내면에서 발견하는 것이다. 내가 무엇을 중요하게 생각하고, 어떤 것에 만족하고, 무얼 하는 데 의미를 두는지 알아야 한다. 그러려면 제일 먼저 내가 어떤 사람인지 아는 데서부터 출발해야 한다. 사람들을 상담하다 보면 의외로 많은 사람이 본인이 어떤 사람인지를 전혀 모르는 경우가 허다하다.

단도직입적으로 나조차 내가 어떤 사람인지를 모르면 진정한 행복을 찾을 수 없다. 점점 남이 원하는 행복을 따라 좇게 되기 때문이다. 반드시 행복해지려면 내가 나를 찾는 여정을 결코 소홀히 해서는 안 된다. 그래서 본인이 어떤 사람인지를 알기 위해 추천하는 방법은 두 가지다.

1. 나는 주로 어떤 사진을 찍는가?

셀카 외에 주로 어떤 사진을 소장하는지 파악해 보자. 음식 사진이나 풍경 사진, 아니면 인터넷에 돌아다니는 재미있는 이미지일 수도 있겠다. 우리의 사진첩은 사진과 함께 흥미를 보관하는 곳이기도 하다. 그간 모아 온 사진들을 훑어보면 나 스스로가 어떤 사람인지 알 수 있게 된다.

2. 나는 주로 어디에 돈을 쓰는가?

나 같은 경우에는 여유가 되는 대로 공연 티켓을 사고, 친구들에게 밥을 산다. 공연을 좋아하고, 나를 좋아하는 사람에게 보답하는 것을 좋아하기 때문이다. 그리고 지금은 그렇게 발견한 것을 중심으로 내 삶을 디자인하는 중이다. 공연을 보는 것을 넘어 만들기 위해 기획하고, 많은 사람에게 더 수두룩한 것을 베풀며 살고 싶다. 목적지로 가려면 앞으로 얼마를 더 벌어야 할지 정확히 알게 되었고, 그 기준에 해당하는 달이면 더 이상 무리하지 않고 편안하게 삶을 즐긴다. 감히 만족하는 삶의 반열에 든 것은 아니지만 기준을 세운 뒤부터는 그렇게 마음이 불편하거나 조급해지지는 않는다.

'나는 가장 행복하다.'라고 자신 있게 말할 수는 없어도 더이상 남의 기준에 휘둘리는 일은 없다. 행복은 이렇게 나를 알아 가면서 가까워진다고 믿는다. 행복하고 싶은가? 그렇다면 얼마나 행복해지고 싶은가? 돈을 벌고 싶은가? 얼마를 벌어야 충분조건을 채우겠는가? 이 모든 기준은 자신을 파악하고서부터 시작된다는 걸 잊지 말자. 참고는 하되 너무 남의 말에 흔들릴 필요 없다. 내가 나를 꿰뚫게 되는 날, 당신의 삶도 보다 안정적으로 흘러갈 것이다. 오늘도 오롯이 나답게 보낸 행복한 하루가 되었기를 진심으로 바란다.

불행할수록
불행하다고 하지 마

상담을 하다 보면 간혹 쓸데없는 고민으로 자신을 괴롭히는 사람들을 만날 때가 있다. 가령 누가 보더라도 매력적인 사람이 자신을 상상 이상으로 별로라고 생각한다거나 대단한 스펙을 가지고 있으면서도 늘 자신을 한심하게 생각하는 이들처럼 말이다. 처음에는 당연히 이해가 되지 않았다. '도대체 이 정도의 사람이 왜 이런 말도 안 되는 겸손을 떠는 거지?' 상대적으로 그들보다 부족한 나로서는 그저 배부른 소리로밖에 들리지 않았다. 그러나 작은 원리를 하나 발견한 이후로 나는 누구보다 그들의 마음을 이해하기 시작했다. 이들의 고민은 과한 겸손이 아닌 잘못된 습관이 모여 만들어진 결과였다.

사람은 말에 유도되는 경향이 있다. 행복하다는 말로 자신을 속이면 정말 일시적인 편안함을 느끼게 되듯이 '불행하다', '한심하다', '부족하다' 등의 말을 뱉어 대기 시작하면 어느 순간 정말 자신이 불행하고 한심하며 부족한 사람처럼 보이기 시작한다. 이를 '발화 현상'이라고 한다. 그래서 아직 내면에서는 자신에 대한 평가가 끝나지도 않았는데 부정적인 말로 본인의 가치를 미리 확정 지어 버리곤 하는 것이다.

말이 무서운 또 다른 이유는 내가 아닌 타인에 의해 유도되기도 하기 때문이다. 누군가 지속적으로 나를 비난하는 말을 하면 어느 순간 나도 서서히 그 말에 유도되기 시작한다. 마치 이별하는 순간, 상대의 지적을 듣고 처음에는 화가 나도 조금씩 자신을 돌아보게 되는 것과 같은 이치로 말이다.

최고의 스펙을 가지고 있음에도 자신을 불행하다고 여기던 이들 또한 둘 중 하나였다. 스스로 본인을 비난하는 말로 섣부른 평가를 내리거나 자신을 비난하는 불특정 다수에게 지속적인 비난을 받거나. 그러나 뭐가 되었든 가장 확실한 해결책은 우리를 힘 빼놓는 말들로부터 최선을 다해 벗어나는 것이다.

'시련은 있어도 실패란 없다.'라는 말 역시 숱하게 실패를 해도 그걸 실패라고 말하지 않으면 패배감에 젖어 들지 않는다는 메시지를 담고 있다. 설령 내 삶이 불행하게 느껴지더라도 부디 입 밖으로 꺼내 유도되지 않기를 바란다. 누군가 나를 불행하다고 평가한다면 속으로라도 내가 불행하지 않은 이유를 말했으면 한다.

생각하는 만큼 행복해질 수는 없어도 얼마든지 불행해질 수 있는 게 말의 힘이다. 이런저런 말들에 흔들리지 말고 꼿꼿하게 소신대로 살아가자. 한없이 흔들거리는 세상에서 강한 멘탈을 얻기 위해 지금 당장 할 수 있는 유일한 훈련은 부정적인 말을 밀어내는 연습이라고 생각한다.

번아웃이 온 것인가
아니면 도망치는 것인가

번아웃 증후군 : 어떤 일에 몰두하다 극심한 신체적, 정신적 스트레스로 인해 무기력증, 우울증 따위에 빠지는 현상

요즘 들어 부쩍 '번아웃'이라는 말이 유행처럼 쓰이고 있는 것 같다. 우리는 하얗게 불태울 만큼 무언가에 몰두하다 결국 멘탈이 나가 버린 상황을 번아웃이 왔다고 표현한다. 역시 무조건 밀어붙인다고 해서 모든 일이 제대로 돌아가지는 않는 법이다. 고로 고단할 때는 적당히 쉬어 주고, 즐길 때는 과감히 놀아야 한다. 그러는 편이 장기적인 시선으로 볼 때도 훨씬 더 현명한 것이다. 문득 공부한 만큼 머리도 식혀 줘야 성적이 오른다던 고교 시절 담임 선생님의 말씀이 떠오른다.

그런데 한편으로는 조금 의아한 점도 있다. 힘들고 지칠 때는 쉬어 주는 게 맞지만, 과연 번아웃이 왔다고 주장하는

사람 중에 정말로 모든 걸 불태워 무언가에 열중한 사람이 얼마나 될까 하는 점이다. 번아웃이라는 말이 유행하면서부터 최선을 다하지도 않고 그냥 힘든 게 싫어 번아웃이라는 말 뒤에 숨는 사람이 부쩍 많아졌다고 생각한다. 단호히 말하지만 휴식과 도망은 엄연히 다른 개념이다. 이를 헷갈리는 순간, 우리의 삶은 생각보다 불행해질 확률이 높아진다.

물론 즐겁지도, 맞지도 않는 것을 하면서 무작정 버티라는 말은 아니다. 다만 번아웃이 왔다며 힘들어하기 전에 한 번쯤 곰곰이 생각해 봤으면 한다. 내가 정말 최선의 노력을 다해 방전된 것인지, 아니면 지금 하는 일이 싫어 일부러 전원을 끈 채 배터리를 빼 버린 것인지를. 만약 후자에 가깝다면, 지금 당신에게 필요한 건 힐링이 아닌 인내와 끈기이다. 부디 번아웃이라는 말 뒤에 숨어 스스로를 합리화하는 약한 당신이 되지 않았으면 한다.

삶이 재미없을 때
벌어지는 일

    모두가 그렇겠지만, 나는 뒤에서 남의 말을 하는 사람을 좋아하지 않는다. 어딘지 모르게 비겁해 보이고, 듣는 입장에서도 동조하는 기분이 들어 참으로 난감하다. 그래서 누군가가 뒷담화를 할 때면 '자기랑 관련도 없는 사람에 관해 이야기하는 게 저렇게나 신이 날까?' 하고 속으로 늘 생각했다. 스무 살 무렵부터 줄곧 바쁘게 살아온 나로서는 남의 이야기로 시간을 허비한다는 것 자체가 이해되지 않았기 때문이다.

    그런데 이게 무슨 일인가. 근래 들어서 나에게도 이상한 변화가 찾아왔다. 평소 타인에 관해 이야기하기를 극도로 싫어하던 내가 누군가의 험담이 들리면 귀를 열고, 때로는 맞장구까지 쳐 가며 킬킬거리고 있었다. 혼란스러웠다. 혹시 이런 게 진짜 어른의 세계인가 하며 합리화하려 해 봤으나 곱씹을수록 이건 멋진 어른과는 동떨어진, 너무나 부끄러운 행동이었다. 그렇다면 도대체 무엇이 나를 이 지경으로 만든 걸까? 이전의 나와 지금의 나는 뭐가 달라진 걸까?

아무래도 내 삶이 재미없어졌나 보다. 아니, 더 정확하게 말하면 내 삶이 없어졌다는 표현이 맞을 것이다. 프리랜서가 된 이후 한없이 게을러진 나의 삶은 지루하고 따분하기 그지없다. 당연히 내 분야에서의 실력은 멈춰 있었고, 실력이 멈추니 그 시절의 열정과 패기마저 전부 사라져 버렸다. 알고는 있었지만 인정하고 싶지 않았던 나의 치부를 들킨 기분이 들었다.

내 삶이 지루해지면 남의 삶에 관심이 생긴다. 만약 당신도 평소 남의 이야기하기를 좋아한다면 당신의 삶에도 권태가 오지는 않았는지 돌아보기를 바란다. 험담이 재밌어진다는 건 그만큼 내 삶이 재미없다는 뜻이니까.

우리가 행복하지
않은 이유

마지막으로 행복하다는 기분을 느껴 본 게 언제인지 가물가물할 때가 있다. 분명히 없지는 않을 텐데 좀처럼 기억이 나지 않는다. 나는 언제 행복했을까? 행복할 때가 있긴 했을까? 만약 있었다면 언제쯤 다시 행복해질 수 있을까? 행복론을 이야기하는 책과 TV 프로그램에서는 수십 년째 작은 것에 행복을 느껴 보라고 권하는데, 솔직히 잘 이해가 되지 않는다. 작은 것은 그냥 작은 것이지, 거기에 뭐 그리 감사할 게 있고 고마울 게 있다는 말인가.

과연 행복하다는 건 뭘까? 너무 어렵다. 그럼 조금 단순하게 생각해 보자. 우리는 무엇을 할 때 스트레스가 해소될까? 음주나 게임을 할 때일 수도 있고, 귀가 먹먹해질 만큼 시끄러운 공간에서 타인과 뒤섞여 춤을 출 때가 될 수도 있겠다. 이외에도 여러 가지가 있겠지만, 이처럼 모든 걸 잊게 해 줄

만큼 도파민을 생성하는 활동을 했을 때 조금 더 확실히 해소
되지 않을까 싶다.

그러나 저런 활동에도 단점은 존재한다. 바로 하나같이 너
무 자극적이라는 점이다. 그 정도는 단순히 스트레스 푸는
것을 넘어 현실 세계를 혼동할 만큼 심각해지기 쉽다. 그리
고 이것이 우리가 쉽게 행복감을 느낄 수 없는 본질적인 이유
라고 생각한다. 스마트폰에는 자극적인 콘텐츠가 넘쳐 난다.
눈만 돌리면 술자리가 유혹하고, 게임이나 영화 등 모든 매체
는 선정성과 폭력성을 띠지 않으면 흥행하지 않는다.

내 추측이긴 하나, 흥행하던 코미디 프로가 사라지는 이유
역시 코미디의 질이 떨어져서가 아니라 지금의 자극적인 미
디어를 코미디가 좇아오지 못해 재미가 없어졌다고 본다. 맵
고 자극적인 음식에 길들면 어느 순간 건강하고 슴슴한 채소
가 싫어지는 것처럼, 충분히 느낄 수 있는 작고 소중한 행복
이 자극적인 매운맛 앞에 가려진다는 느낌이다.

요즘의 나는 내 안에 있는 매운맛을 씻어 내기 위해 애쓰는
중이다. 휴대폰을 멀리하고, 술도 입에 대지 않는다. 되도록
일찍 일어나기 위해 노력하고, 꾸준히 운동도 한다. 별거 아

닌 일에도 뛸 듯이 기뻐하던 그 시절의 나처럼, 작은 것에도 마냥 감사해하고 행복해하는 내가 되고 싶다. 요즘에는 그저 행복은 멀리 있는 게 아니라는 말을 간절히 느껴 보고 싶다.

삶의 질은
시간 관리에서 결정된다

시간 관리는 삶을 지탱하는 데 있어 매우 중요한 역할을 한다. 고로 잘못된 시간 개념은 우리의 삶을 은근히 피폐하게 만든다. 특히 프리랜서처럼 스스로 시간을 조율해야 하는 경우, 시간에 영향을 받기 시작하면 스트레스는 물론 일의 생산성까지 파괴된다. 그만큼 시간 관리는 특히 정보의 홍수 속에 사는 21세기에서는 삶의 질을 결정할 만큼 중요하다고 생각한다. 그래서 이번에는 그동안 스스로 부딪치며 연구해 온 '효율적 시간 관리법'을 공유하고자 한다.

1. 모든 시작은 우선순위를 정하는 것부터

할 일이 쌓여 있다면 그중에서도 가장 먼저 우선적으로 해야 할 일을 알아차리는 것이 중요하다. 우선순위를 분류하는 방법은 간단하다. 일의 마무리 시간을 생각해 긴급성을 따져 보는 것이다. 바로 감이 잡히지 않는다면 메모장을 열어 마감을 제때 못 할 시 큰 영향을 받는 일부터 적어 보자. 우선순위를 정하는 눈이 생기기 시작하면 해야 할 일이 생각보다 빨리 끝나는 마법이 일어난다.

2. 계획 틀 짜기

구체적인 계획 없이는 시간 관리가 어렵다. 그렇다고 꼭 계획표를 만들어 따라갈 필요는 없지만, 스케줄을 짜는 과정에서 일을 언제 끝내야 하는지, 얼마나 걸릴지 등을 예측할 수 있다. 그래서 추후 다시 꺼내 보지 않더라도 계획표를 만드는 일은 꼭 필요한 작업이다. 이때 다양한 도구를 활용하여 계획표를 작성해 볼 수 있는데, 그중 캘린더, 스케줄러, 할 일 수첩 등이 가장 효과적이다. 이렇게 일정을 계획함으로써 우리는 감을 잃지 않고 효율적으로 일할 준비를 마칠 수 있다. 아울러 잘 짜 놓은 틀은 막막해 보이는 일에 자신감을 더해 준다.

3. 집중할 시간 정하기

무작정 책상 앞에 앉아 있다고 능사는 아니다. 사람이 가지고 있는 집중력의 총량은 정해져 있고, 이는 의외로 길게 가지 않는다. 그러니 처음부터 크게 욕심부리지 말고 10분부터 출발하면 된다. 그동안 일을 계속 진행하지 않아도 좋다. 그저 해야 할 일에서 눈을 떼지 않고 집중하면 그만이다. 10분이 지나면 다시 30분을 쉰다. 그리 효율적이지 않아 보일 수 있지만, 집중하고 있던 10분은 사라지지 않고 쉬는 동안에도 머릿속에서 내용을 정리해 생각을 회의한다. 공부하는 것만큼 쉬는 것도 중요하다는 말은 영 신빙성 없는 말이 아니다. 열심히 집중한 시간이 있으면 남은 시간도 열심히 집중해서 쉬어 줘야 한다.

행복하게 살아가려면 발전이 필요한데, 발전의 시작은 거창한 무언가가 아니다. 소박하더라도 정확히 시간 관리하는 연습만이 나의 가능성을 열어 주고 나아가 삶을 지탱하는 힘이 되어 줄 것이다. 혹시 지금 아무런 생각 없이 멍하니 있었는가? 설령 그랬다 한들 죄책감은 느끼지 않아도 된다. 나 또한 멍하니 쉬는 것 같지만 머릿속으로는 계속 생각을 정리하는 중이다. 이제 다시 집중할 준비가 될 때까지 최대한 효율적으로 쉬어 보자.

너무 생각 없이
노는 거 아니냐고?

맡은 바 임무를 다하지 못하는 사람들의 공통점은 바로 놀 때 제대로 놀 줄 모른다는 것이다. 일할 때 최대한 몰입하고 집중해야 좋은 성과가 나듯, 노는 것도 최대한 몰입하고 집중해야 후회 없는 휴식을 즐겼다고 할 수 있다. 충분히 쉬거나 놀지도 못하고 어영부영 월요일을 맞이하는 것만큼 억울한 일이 또 있을까. 이해를 돕고자 잠시 예시를 드는 것뿐인데도 소름이 돋을 만큼 억울할 지경이다.

제대로 노는 것은 의외로 아무나 할 수 있는 일이 아니다. 다소 뜬금없이 들릴 수도 있겠지만 노는 것에 대한 만족도는 자신을 믿는 마음에 따라 달라진다고 본다. 가령 무언가를 하는 데 유난히 집중이 안 되고, 그렇다고 미루기에는 불안하고 찝찝한 날이 있다. 만약 이런 상황에서 자신에 대한 확고한 믿음이 없다면 절대로 일을 미뤄서는 안 된다. 미루고 놀아 봐야 불편한 기분이 들어 제대로 즐기지 못할 것이 뻔하기 때문이다.

그러나 본인에 대한 믿음이 있고 감당할 자신이 있다면 불안을 털어 내고 나가서 신나게 놀아도 좋다. 나름 무모한 구석은 있어도 자신감에서 나오는 배짱은 객기가 아닌 패기이며, 한 살이라도 더 어릴 때 누릴 수 있는 특권이다. 오늘도 나는 신나게 놀기 위해 고통스러운 일과에 몰입하는 중이다. 퇴근하고 작업실을 나서는 순간, 모든 생각을 비우고 멋지게 즐길 것이다.

너무 생각 없이 노는 거 아니냐고? 원래 노는 건 생각 없이 놀아야 한다. 오늘 하루 나에게 부끄럽지 않았다면 부디 아무 생각하지 말고 과감하게 놀아 보기를 바란다.

나만의 워라밸을 만드는
가장 혁신적인 방법

'워크 앤 라이프 밸런스'. 일과 휴식의 균형을 맞춘다는 뜻으로, 현 2030 세대에게 엄청나게 각광을 받는 단어다. 인간은 휴식을 취할수록 뇌가 활성화되는 구조를 가졌다. 고로 일하는 것만큼이나 쉬는 것도 굉장히 중요하다. 나 같은 경우에는 일에 치여 더 이상 몸이 움직이지 못할 것 같으면 작업실 구석에 둔 침낭 안으로 들어가 1시간이고 2시간이고 잠을 청한다. 평일에 열심히 달렸다면 주말 하루는 내일이 없는 것처럼 놀기도 한다. 그럼에도 주어진 일을 해내는 데는 전혀 무리가 없다. 내가 언제 쉬어야 하는지 또 어떤 휴식이 필요한지 정확하게 알고 있기 때문이다.

객관적으로 생각해 봐도 나는 비교적 워라밸을 잘 영위해 나가는 중이다. 이제는 이 패턴이 익숙해졌으니까. 그러나 나의 이런 워라밸은 하루아침에 만들어지지 않았다. 워라밸을 찬양하는 사람의 대부분은 자신이 언제 쉬어야 하는지 정확히 인지하지 못한다. 그렇게 일과 휴식의 균형을 맞춰야 한다면서 90%는 휴식에만 중점을 두고 빨리 쉬고 싶어 하거나 어떻게 쉬어야 하는지에만 생각을 투자한다.

그런 건 진짜 워라밸이 아니다. 그저 주어진 일을 하고 싶지 않아 휴식을 핑계로 회피하는 것이다. 본인만의 진정한 휴식 포인트가 알고 싶다면 잠깐이라도 정신없이 살아 봐야 한다. 번아웃이 올 만큼 나의 삶을 일에 최적화하고, 그 안에서 조금씩 숨 쉴 틈을 찾아가는 것이다. 장거리 마라톤을 하면 누가 숨 쉬는 구간을 알려 주지 않아도 페이스에 맞게 숨을 고르게 된다. 이처럼 정확한 휴식 지점도 달리면서 찾아낼 수 있다.

초반에는 당연히 숨을 잘못 쉬어 쓰러지기도 하고, 헛발을 디뎌 경기선 라인을 벗어나는 실수도 할 것이다. 그러나 너무 걱정할 필요 없다. 나의 약점을 알아야 약점 강화 휴식법도 알게 되는 법이니까. 이따금씩 자신을 하얗게 태워 본 적도 없으면서 워라밸을 찾는 사람들을 볼 때마다 답답한 마음을 억누를 수밖에 없었다.

걷고 있는 사람에게 5분간 앉아서 쉬라고 하면 무엇도 느낄 수 없다. 그러나 달리고 있는 사람에게 5분간 앉아서 쉬는 휴식은 무엇과도 바꿀 수 없을 만큼 달콤하고 추진력을 올려주는 연료가 된다. 일은 일대로 잘하고 휴식은 휴식대로 행복한 것, 그게 진정한 워라밸의 의미가 아닐까.

감정은 행동으로
통제할 수 있다

"나 오늘은 일할 기분이 아니야."

"지금은 아무것도 하고 싶지 않아."

살다 보면 나조차 당황스러울 만큼 무기력감과 우울감이 내 몸을 뒤덮을 때가 있다. 책을 읽으려 해도 집중이 되지 않고, 친구를 만나는 데도 힘이 든다. 이럴 때는 무언가를 억지로 하기보다 과부하가 걸린 나를 충분히 쉬게 해야 한다.

그러나 슬프게도 모든 상황은 우리의 컨디션을 가만 기다려 주지 않는다. 오늘까지 과제를 제출해야 한다거나 밀린 업무를 마감해야 한다면 상황은 더욱 우리를 재촉한다. 야박하다는 생각이 들어도 어쩔 수 없다. 너무 뻔한 말이지만, 하고 싶은 것만 하면서 살 수는 없다. 만약 그렇게 사는 사람이 있다면 그 사람은 멋진 사람이기보다 대책 없고 책임감 없는 사람이다.

기분이 좋지 않아 아무것도 하고 싶지 않은 날이라도 맡은 바는 해내야 한다. 하지만 무엇부터 어떻게 시작해야 할지, 또 어떤 계획을 세워야 머리가 돌아갈지 막막할 수 있겠다. 그런 이들을 위해 시간에 쫓길 때 일을 마치는 나만의 팁을 소개하겠다.

일단 움직이는 것이다. 당장 그 일을 시작하라는 게 아니다. 그냥 몸만 움직여 보자. 운동을 해도 좋고, 운동이 버겁다면 산책을 해도 좋다. 산책조차 버겁다면 그저 문을 열고 바깥 공기를 쐬는 것만으로도 효과가 있다. 우리는 하루에도 수십 번씩 감정에 의한 영향을 받지만, 정작 몸을 움직이는 에너지는 감정이 아닌 행동이다.

운동하러 가는 게 죽기보다 싫은 날, 헬스장에 가 본 적이 있는가? 그런데도 막상 문을 열고 들어가 몸을 움직이다 보면 최소한의 운동이라도 하게 된다. 억지로 펼친 책도 막상 읽기 시작하면 몇 페이지라도 넘기게 된다. 학자들은 말한다. 우리 인류가 지금까지 살아남을 수 있었던 가장 큰 이유는 환경에 적응하는 유전자가 타고났기 때문이라고.

기분이 내키지 않아도 힘을 주어 몸을 일으키는 순간, 비로소 몸은 일을 맞이할 준비를 마친다. 나 같은 경우에는 글의 주제가 떠오르지 않으면 아무 내용 없는 엉터리 일기를 쓰고는 한다. 놀라운 점은 그런 글이라도 쓰면 엉망인 일기가 점점 그럴싸한 글이 된다는 점이다. 운동에서도 가벼운 웨이트 한두 번이 점점 무거운 무게를 들고 싶다는 욕심으로 변하기도 하니까.

사람의 감정은 소중한 것이지만 사람 자체가 감정의 지배를 받아서는 안 된다고 생각한다. 생각이 막히거나 도무지 무언가를 시작할 엄두가 나지 않는다면 속는 셈 치고 일단 일어나 조금이라도 움직여 보아라. 아직 밖으로 꺼내지만 못했을 뿐, 어쩌면 당신의 머릿속에는 이미 끝내주게 멋진 결과물이 완성되어 있을지도 모른다.

기분에 정복당하지
않는 방법

　무언가를 하기에 기분이 썩 내키지 않을 때가 있다. 그럴 때는 그냥 놓아 버리면 그만이다. 간단하지 않은가. 하기 싫은 일을 억지로 하는 것만큼 사람을 괴롭히는 것도 없다. 그러나 문제는 내키지 않아도 해야만 하는 일이 있다는 것이다. 일이 그렇고 공부가 그렇다. 한 살씩 나이가 들수록 참석해야 하는 자리도 많이 생긴다. 그럴 때마다 기분을 핑계 삼아 놓아 버려야 하는 걸까? 그것도 방법이라면 방법이겠지만, 우리는 그런 사람을 무책임한 사람이라고 칭한다. 적어도 내가 진짜 어른이라면 가끔은 기분에 상관없이 참을 줄도 알아야 하지 않을까.

　도저히 용기가 나지 않는 이들을 위해 내가 애용하는 방법을 하나 소개하겠다. 바로 명상이다. 보통 명상이라고 하면 나른한 음악 속에서 근엄하게 가부좌를 틀고 앉아 있는 수도 승의 모습을 떠올리는 게 일반적이지만, 꼭 정석을 따를 필요는 없다. 내가 하는 명상은 그저 눈을 감고 잠시 엎드려 있는 게 고작이다. 평소 명상을 제대로 즐기는 사람이라면 그게 무슨 명상이냐고 할 테지만, 본래 명상의 의미는 숨을 고르며 생각을 비워 내는 데에 목적이 있다. 경험상 단 5분만 생각을 멈춰도 놀라울 만큼 몸의 리듬이 돌아온다.

희한하게도 이 독특한 명상법은 당장 시간이 없는 상황에서 더 큰 효력을 발휘한다. 모르는 사람의 눈에는 그저 멘탈이 나가 멍하니 있는 것처럼 보일지도 모르겠다. 그래도 신경 쓰지 말고 용감하게 멍을 때리자. 갑자기 힘이 샘솟지는 않아도 최소한 기분에 저항해 볼 용기는 생긴다. 지더라도 한번은 싸워 봐야 한다. 그렇게 지나가는 기분 따위에 쉽게 정복당하지 않는 독한 당신이 되었으면 좋겠다. 기분은 어차피 다 내 안에서 나온 부산물이다. 그러니 한낱 기분에 이리저리 휘둘리지 않았으면 한다.

내 짐 정도는
내가 들고 갈 줄 알아야 한다

쌓인 게 있으면 무조건 털어놔야 한다고 생각하던 때가 있었다. 고민이 생기면 말하고, 걱정이 생겨도 말하고, 슬럼프가 와도 망설임 없이 도움을 청해야 벗어날 수 있다고 생각했다. 혼자 담아 두는 것보다는 속 시원히 털어놓는 게 정신건강에도 도움이 된다. 그렇게 마음속이 후련해지는 경험을 하고 나서는 고민이 생길 때마다 줄곧 이야기하면서 풀어 왔다. 그래야 속병도 없어지는 것 아니겠는가.

그러던 어느 날, 조금씩 이상한 일이 벌어지기 시작했다. 매번 내 이야기를 잘 들어 주던 친구들의 낯빛이 점점 어두워지더니 급기야 나를 피하는 친구까지 생겼다. 처음에는 그저 의리 없는 놈들이라고만 생각했는데 뒤늦게 군을 제대한 이후, 비로소 친구들의 심정을 이해할 수 있었다.

20대의 남자가 가장 지독한 슬럼프에 빠지는 시기를 꼽자면 단연 군 제대 이후라고 생각한다. 이 시기가 되면 불확실한 미래와 진로에 대한 불안함이 뒤섞여 전에는 하지 않았던 고민을 하게 된다. 한때 입대를 앞둔 동생들이 고민이 있다며 찾아오는 일이 많았었다. 한두 번이야 위로도 해 주고 응원도 해 줄 수 있었지만, 서너 번 반복되는 고민 상담에 어느새 나도 점점 침울해져 가는 게 느껴졌다. 한번은 상담을 핑계로 신세 한탄을 하는 동생에게 한마디 내뱉었다가 되레 내가 부끄러워진 적이 있었다.

"야, 너는 언제까지 징징거릴래? 성인이면 이제 적당히 혼자 짊어질 줄도 알아야지!"

내가 말해 놓고도 참으로 얼굴이 화끈거리는 대사가 아닐 수 없다. '아, 이래서 친구들이 날 피했던 거구나….' 전에는 뻔하고 차가운 말이라 생각했으나 이제는 누구보다 이 말에 전적으로 공감할 수 있다.

나만 힘든 게 아니다. 누구나 힘들지만 참고 있다. 따지고 보면 언제든 고민을 귀담아들어 줄 만큼 여유로운 이들이 얼마나 있겠는가. 그러니 이제부터라도 내 짐 정도는 내가 들고 갈 줄 아는 성숙한 자세를 길러야 한다.

미친 듯이 노력하며
살지 않아도 돼

요즘에는 '팩트 폭행'이라는 말이 하나의 콘텐츠로 자리 잡았다는 생각이 든다. 대다수의 동기 부여를 돕는 책이나 영상은 팩폭을 앞세워 노력하지 않는 사람을 질타한다. 심지어 질타의 강도가 높으면 높을수록 말하는 사람의 인기는 높아진다. 그만큼 지금의 상황을 탈피해 성장하고자 하는 사람들이 많아졌다는 뜻이니 좋은 현상으로 봐야 할까? 물론 세상을 다스리는 법에도 보상과 벌이 있듯, 너무 안일한 태도로 삶을 대하는 사람에게는 종종 따가운 팩폭이 필요할 때가 있다. 살면서 늘 좋은 말만 듣고 살 수는 없으니 말이다.

그러나 한편으로는 그들이 말하는 팩폭에 의구심이 들 때가 있다. 가령 무언가에 도전해 큰 성과를 내지 못하면 무조건 노력 부족이라고 한다거나, 실패하면 미친 듯이 하지 않아 망한 거라며 꼬집어 말한다. 그 밖에도 '될 때까지 밀어붙여라.', '끊임없이 도전하라.' 등등 선뜻 공감 가지 않는 메시지를 볼 때면 고개를 갸웃거리게 된다.

미친 듯이 노력하고 도전하다 끝내 정상에 올라섰다는 성공 스토리는 듣는 이의 가슴을 뛰게 만든다. 몰입해서 듣다 보면 어느새 내가 성공의 문턱까지 온 것 같다는 착각이 들기도 한다. 하지만 현실적으로 생각하면 그렇지 않다. '열심히'와 '꾸준히'를 넘어 미친 사람처럼 무언가에 몰두하는 게 과연 쉬운 일일까? 결코 그렇지 않다. 여담이지만 간혹 재능이 없어서 될 때까지 도전했다는 이의 인터뷰를 보면 '아, 저 사람은 될 때까지 하는 재능이 있구나.'라는 생각이 든다.

지금은 모두가 성공하라고만 하지, 성공하지 않아도 행복한 삶에 대해서는 말하지 않는다. 그렇지만 현재의 위치에서 성실하고 정직하게 살아가면 누구라도 충분히 행복할 수 있다. 종종 TV나 유튜브를 비롯한 매체에서는 누가 봐도 도파민 넘치는 사업가들이 나와 가만히 잘 살아가는 사람들에게 팩폭이랍시고 욕심이 없다며 패배자 취급을 한다. 그런 식으로 마냥 성공만을 좇으며 질타하는 것이 그리 좋게 보이지는 않는다.

초식 동물에게는 초식 동물의 삶이 있고, 육식 동물에게는 육식 동물의 삶이 있다. 초식 동물더러 고기도 못 먹냐며 비웃는 육식 동물에게 채식의 담백하고 건강한 맛을 아느냐 묻고 싶다. 삶은 자신만의 페이스로 달려 나가는 마라톤이다. 어느 분야에서 성공한 이가 있다면 존경받아 마땅하나 도전한다고 해서 모두가 성공할 수는 없고, 모두가 성공할 필요도 없다고 본다.

오늘도 어딘가에서 꿋꿋이 자신의 하루를 지켜 낸 지구상의 모든 초식 동물들에게 심심한 인사를 올린다. 오늘도 애쓰셨습니다.

하고 있는 일과
하고 싶은 일 사이에서

 종종 하고 있는 일과 하고 싶은 일 사이에서 방황하고 있다는 내용의 상담 메일을 받곤 한다.

 "지금 제과를 배우고 있는데 너무 재미가 없어요. 노래에 관심이 많으니 음악을 시작해야 할까요?"

 글쎄, 우선 나는 이렇게 물어보고 싶다. "하고 있는 일, 하고 싶은 일을 떠나 확실히 할 줄 아는 일이 있어요?"라고. 이런 나의 질문이 이제 막 꿈을 향해 달려가는 사람에게는 상처가 될 거란 것쯤이야 잘 알고 있다. 하지만 진로와 관련된 사안은 분명히 해야 한다. 마냥 어리고 꿈으로 가득 차 있는 10대 학생이라면 몰라도, 20대를 지나 30대의 기로에 서 있는 사람이 하고 있던 일을 모두 정리하고 떠나는 위험한 결정은 오래 고민해 볼 일이다. 사람은 하고 싶은 일만 하며 살 수는 없다. 단지 뚜렷하게 할 줄 아는 일 하나만 있어도 부러운 인생이라고 생각한다.

인생에서 가장 위험한 시기가 언제인 줄 아는가? 바로 느닷없이 오래전 꿈들이 들이닥칠 때다. 예컨대 전공을 살려 취직한 사람이 문득 "아, 맞아! 난 그림을 좋아했지!" 하고 깨닫는다거나 좋은 기업에 입사한 사람이 "처음에는 여기 말고 다른 곳이 가고 싶었는데…." 하며 곱씹는 경우다.

다시 한번 말하지만 나는 꿈을 짓밟거나 비난할 생각은 전혀 없다. 꿈이 있다는 건 멋지고 숭고한 일이니까. 그러나 정말 진지하게 생각해 보길 바란다. 왜 불현듯 그 꿈이 고개를 들었는지, 혹시 지금 너무 힘들어서 충동적으로 도피하려는 건 아닌지. 끊어 내는 건 자유지만 부디 더 견뎌 보며 경험치라도 쌓고 나왔으면 한다. 더 이상 지금의 일이 힘들지 않고 미련이 생기지 않을 만큼 성장했을 때, 그때 진로를 바꿔도 충분히 늦지 않다. 도망보다는 도약을 선택하는 당찬 우리가 되었으면 좋겠다.

어른이 되어 간다는
씁쓸함

연애는 물론 인간관계마저 내 뜻대로 풀리지 않던 시기가 있었다. 사랑은 매번 실패로 끝나고, 친구를 만나도 마음이 불편했다. 누구에게라도 기대고 싶은데 이 세상 어디에도 선뜻 어깨를 내어 주는 사람은 없었다. 지금 생각해 보면 당연한 결과다. 나조차 누가 나에게 의지하는 걸 극히 싫어하는데, 혼자서 세상 모든 불행을 쥐고 사는 척하는 나를 누가 받아 주겠는가. 돌이켜 보면 사람이 고파서였을까, 이때야말로 가장 많은 이들에게 상처를 받았던 것 같다.

누군가 조금이라도 마음을 열고 다가오는 게 보이면 모든 호의와 정성을 다해 친구가 되고 싶었다. 그러면 이 사람이 나의 결핍을 채워 줄 것만 같았다. 그러나 급하게 가까워진 사이는 빠르게 멀어졌고, 믿었던 만큼 작은 실망이라도 돌아오면 곧바로 배신감이 밀려왔다. 어찌 보면 결국 이기적인 건 나였을지도 모르겠다.

당시에는 그 사람들을 미워했지만 나 역시 진심으로 그들이 좋아서 다가간 것은 아니었다. 진짜 친구의 기준은 이익을 생각하느냐 마느냐에 따라 정해진다고 했는데, 그런 관점에서 본다면 처음부터 그들을 진심으로 대하지 못한 것은 내가 아니었을까. 물론 이제는 누구를 만나도 최대한 순수한 마음으로 다가가려고 노력한다.

그럼에도 사회생활이 머릿속에 심어 둔 계산기는 영원히 돌아가겠지만, 되도록 신경 쓰지 않으려고 연습 중이다. 그런데 요즘은 이런 생각을 넘어 내게 이상한 현상이 벌어지고 있다. 일적으로 새로운 사람을 만나도 전혀 반갑거나 궁금하지 않고, 심지어 누군가와는 가까워지기 싫어도 좋은 척하면서 응대하는 연기가 가능해졌다.

새삼 반가운 척, 기분 좋은 척, 나중에 또 보고 싶어 하는 척… 그러다 가끔 그들 중 누군가가 나를 실망시켜도 그리 대수롭지 않다. 처음부터 그렇게 큰 기대를 하지 않았기 때문이다. 멘탈만은 확실히 나이가 들수록 단단해져 가는 게 느껴진다.

그런데 마음이 썩 좋지는 않다. 이런 과정을 거쳐야만 어른이 되는 거라면 어른이라는 게 그리 좋은 것만은 아닌 것 같다. 한 번이라도 순수한 마음으로 누군가를 만나고, 작은 상처에도 진심으로 눈물을 흘리던 시절의 나로 돌아갈 수 있을까. 왜 이제는 누구를 만나도 머릿속에 계산기만 돌아가는 걸까. 사람들은 이걸 지혜라고 하던데, 나는 아직도 잘 모르겠다.

오른손이 하는 일을
왼손이 모르면
오른손이 서운하다

　오른손이 하는 일을 왼손이 모르게 하라는 말이 있다. 말 그대로 선한 일은 누구에게 알리지 않고 남몰래 해야 의미가 있다는 아름다운 말이다. 특히 사회에 이바지하는 일을 할 때는 더더욱 과묵하고 진중한 마음으로 임하는 것이 바람직하다고 본다. 그러나 종종 봉사 현장을 가 보면 열심히 일하기는커녕 SNS에 올릴 사진만 찍는 사람이 있다. 좋은 뜻으로 참여한 건 알겠지만 여기저기 선행을 뽐내는 행동이 마냥 좋아 보이지는 않는다. 오른손이 하는 일을 왼손이 몰라야 더 가치가 생긴다는 걸 모르는 모양이다.

　그러나 봉사가 아닌 우리네 인간관계에 이 말을 대입하면 어떤 일이 벌어질까? 배려심 깊은 좋은 사람이 될까? 혹은 남을 먼저 생각할 줄 아는 의리 있는 사람이 될까? 물론 몇 번이야 쉽게 좋은 평을 들을 수 있다. 대신 그만큼 배려하는 게 당연한 사람이 될 우려도 크다는 점이 문제다. 미안한 마음이 반복되면 더는 미안하지 않은 것처럼, 반복되는 호의는 더 이상 호의가 아니다.

즉, 인간관계에서의 생색은 어느 정도 필요하다는 입장이다. 어찌 보면 생색도 일종의 존재감 어필이기 때문이다. 고마움의 크기는 미안함의 크기와 비례한다. 그러니 내가 상대를 위해 무언가를 희생하거나 양보했다면 서둘러 괜찮다며 손사래 치지 말자. 적어도 선의가 당연하다는 느낌은 들지 않도록 말이다. 그래야 그 사람도 당신의 배려를 고마워하며 잊지 않을 테니까.

혹자는 이런 태도가 너무 정 없고 계산적이라 할 수도 있겠다. 그렇지만 내가 인간관계에서 다소 스트레스를 받는다면 조금은 계산적일지언정 외려 상처받지 않는 방향으로 나아갔으면 한다. 오른손이 하는 일을 너무 감추려 들면 오른손이 서운하지 않겠는가. 오른손에게도 오른손의 입장은 존재하니 말이다.

차에 기름을 넣듯
생각에도 주유가 필요하다

콘텐츠를 만들다 보면 필연적으로 글을 쓰고 말도 많이 해야 한다. 말하고 쓰는 일을 직업으로 삼은 지도 어느덧 4년이 흘렀고, 그간 나에게는 언제나 내 생각을 지지해 주는 팬들이 생겼다. 다음 날 아침에 일어나 전날 완성한 콘텐츠에 찍혀 있는 수많은 좋아요 표시를 보면 여전히 얼떨떨하면서도 황송스럽다. 그래서 그런지 나를 만나는 사람마다 빼놓지 않고 한 번씩은 하는 질문이 있다.

"어떻게 해야 석구리 님 같은 생각을 할 수가 있어요?"
"어떻게 해야 그렇게 똑 부러지게 말을 잘할 수가 있죠?"

물론 말하고 쓰는 것에는 스킬이 있어야 한다. 그래야 더 생생하게 내 의견을 전달할 수 있다. 그러나 생각을 솔직하게 전달하는 일에 스킬은 그다지 중요한 영역이 아니다. 내가 오롯이 나만의 생각을 밖으로 꺼낼 수 있다면 스킬은 자연스럽게 따라온다. 큰일이 해결되면 작은 일도 알아서 해결되는 원리이기도 하다.

한 가지 고백을 하자면, 나는 지금도 글을 쓰고 말하는 게 세상에서 제일 어렵다. 영상용 대본을 작성하는 데에만 며칠의 시간을 갈아 넣고, 열의에 차 글을 써도 다시 읽었을 때 참기 힘들 만큼 허점이 보인다. 그럼에도 내가 결과물을 만들어 낼 수 있는 비결은 끝없이 새로운 생각을 넣기 때문이다.

나는 쓰다 막히면 다시 뚫릴 때까지 집요하게 물고 늘어지는 능력이 없다. 대신 글이 막히면 도리어 옆에 놓인 책을 집어 든다. 영상을 만들다가 아이디어가 고갈되면 그 길로 다른 사람들의 영상을 시청한다. 누가 보면 도용하는 거 아닌가 싶겠지만, 절대 그렇지 않다. 양심을 팔아먹고 남의 콘텐츠를 그대로 가져오는 게 아닌 이상, 좋은 결과물을 위해 시장 조사와 트렌드 분석은 필수 요소다.

그렇게 1시간 정도 새로운 정보를 채워 넣으면 그 데이터를 바탕으로 나만의 생각을 만들 수 있다. 스타일은 그렇게 만들어 가는 것이다. 아무런 아이디어도 떠오르지 않으면서 단지 자존심이 상한다는 이유로 아무것도 참고하지 않는 게 더 바보 같은 짓이다. 생각이란 만드는 것만큼 흡수하는 것도 중요하다. 아무리 성능이 좋은 차라도 기름이 떨어지면 달릴 수 없지 않은가. 차에 기름을 주유하듯, 우리의 생각에도 주유하는 시간이 필요하다. 귀찮더라도 머릿속이 막힐 때는 잠시 멈춰 생각의 기름을 넣어 보자. 기대 이상의 멋진 결과물이 나올지도 모른다.

외모와
자존감

나는 보기보다 외적으로 드러나는 모습에 꽤 민감한 편이다. 누가 봐도 특출날 것 하나 없는 외관을 가졌으나 관리는 나름대로 철저히 한다. 적어도 일주일에 네 번은 헬스장에 발 도장을 찍고, 누군가를 만날 일이 생기면 컨디션이 좋지 않아도 약속 2시간 전에는 나와 반드시 1시간 정도 웨이트를 한다. 정말 귀찮지만 10분 정도의 시간을 투자해 옅은 기초 메이크업을 하는 것도 잊지 않는다.

물론 외모가 인생에서 가장 중요한 가치는 아니다. 사람에게는 외모 외에도 여러 가지의 매력이 있다. 만약 외적인 부분이 조금 부족하다 할지라도 얼마든지 다른 장점으로 커버할 수 있다. 그토록 잘 아는 사람이 왜 이렇게까지 외모 가꾸기에 열을 올리느냐고? 사실 몇 년 전까지만 해도 나는 지나칠 정도로 외모에 관심이 없었다. 옷에 뭐가 묻든 말든, 살이

찌든 빠지든 살아가는 데 전혀 불편함이 없었고, 오히려 너무 가꾸는 사람들에 대한 부정적인 인식까지 있었다.

'왜 저렇게까지 하는 거지?'

'본인한테 그렇게 자신이 없나?'

그런 것들에 연연하지 않고도 연애를 하고 친구도 많은 내가 되레 자랑스럽게 느껴졌다. 슬럼프가 오기 전까지는.

정말 생각지도 못했던 날, 상상도 못 했던 계기로 우울증에 걸린 시기가 있었다. 속이 허해 쉼 없이 음식을 먹으면서도 운동은 하지 않으니, 배는 나오는데 팔은 얇아지고 있었다. 급기야 스트레스로 인해 어린 나이에 탈모까지 찾아와 머리를 감는 게 무서울 지경까지 이르렀다. 날이 갈수록 눈으로 몸의 변화가 보이자, 결국 과거의 당당했던 눈빛도 얼마 못 가 모두 사라져 버리고 말았다. 돈 한 푼 없던 시절에도 친구들 사이에서는 항상 분위기를 주도하고 결정을 내리는 포지션에 있던 내가 태어나서 처음으로 친구들의 눈치를 보는 소심쟁이가 된 것이다.

그날 이후 친구들의 도움과 나름의 피나는 노력으로 다시 멘탈을 찾아오긴 했지만, 외적인 모습이 망가지는 것에 대해서는 늘 경계심을 품고 산다. 외모가 삶의 전부는 아니나 외적인 자신감이 사라지는 순간, 내적인 자존감도 쉽게 무너질 수 있다는 사실을 온몸으로 체감해 봤기 때문이다. 진정으로 나를 사랑한다면 내면의 나를 성장시키고 가꾸는 만큼 외면의 나도 성장시키고 가꿨으면 한다. 내가 보는 내 모습이 먼저 마음에 들어야 남들 앞에서도 내 모습 그대로 당당해질 수 있다.

창피함은 한순간
안 되면 말지 뭐

　매번 새로운 글과 영상을 만들기 위해서는 필연적으로 많은 양의 정보가 필요하다. 그리고 그중에서도 가장 깊이 있는 정보와 내공을 얻을 수 있는 공간이 바로 도서관이다. 혼자만의 생각일 수 있지만, 제아무리 스마트폰과 AI가 보편화된 시대라 해도 종이로 된 책의 깊이를 이길 수는 없다고 생각한다.

　공부를 못하면 책이라도 읽어야 먹고산다는 담임 선생님의 꾸중 이후로 제법 어릴 때부터 독서하는 습관을 들였지만, 책이 재밌다고 느낀 지는 그리 오래되지 않았다. 정독에 대한 부담 때문이었다. 한번 펼친 책은 무슨 일이 있어도 끝까지 읽어야 한다는 이상한 강박에 사로잡혀 고작 몇 페이지를 읽는 일에도 많은 양의 에너지가 소모되었다. 그래서 조금이라도 두께가 있는 책은 아예 펼칠 엄두도 나지 않았다. 말 그

대로 그냥 억지로 참고 읽은 셈이다. 그래야 먹고사는 줄 알
았다.

그러던 어느 날, 〈독서광들의 독서법〉이라는 주제의 다
큐멘터리를 접한 후로 전과는 비교도 안 될 만큼 독서에 대한
부담이 줄었다. 물론 독서량과 책에 대한 흥미도 크게 올랐
다. 바로 책을 읽다가 재미가 없으면 그냥 넘겨 버리는 것이
다. 이해가 안 돼도 넘기고, 지루해도 넘긴다. 그렇게 읽으면
제대로 독서가 되는지 궁금할 텐데, 놀랍게도 나에게 꼭 필요
한 정보만 머릿속에 넣을 수 있게 된다. 독서하는 습관을 들
이고 싶은 사람에게 아주 강력히 추천하는 방법이다.

책에 대한 부담이 줄어드니 책 자체와 친해지는 것은 물론,
원하는 정보를 빠르게 얻을 수 있어 독서의 효능을 몸소 겪게
되었다. 여태 이런 걸 모르고 살았다니. 덕분에 이제는 수백
페이지나 되는 두꺼운 책도 그리 거북하게 느껴지지 않는다.
그러다 문득 이 과정이 마음을 표현하는 법과도 닮아 있다는
생각이 들었다. 예컨대 우리는 좋아하는 사람이 생기면 선뜻
다가가지 못하고 망설이게 된다. 이는 거절을 당했을 때 돌
아올 마음의 부담 때문이다.

그러나 한번 잘 생각해 보자. 설령 내가 마음을 드러내 상대가 날 밀어냈다고 해도 내 인생이 크게 달라지지는 않는다. 어떤 거절이건 1초의 민망함이 지나면 결국 모두 제자리로 돌아온다. 당신이 유독 표현하는 데 있어 겁이 많다면 거절의 의미를 이렇게 생각해 보는 건 어떨까. 나에게 필요한 내용이 아닌 책장은 넘겨 버리듯, 나에게 필요한 사랑을 줄 수 없는 사람도 휙 넘겨 버린다고 말이다.

이해되지 않는 책은 넘기면 그만이다. 한 권에 얽매여 쩔쩔맬 시간에 다른 책을 집어 들어라. 그렇게 살피다 보면 훗날 반드시 원하는 책을 찾게 될 것이다. 마찬가지로 내가 좋아하는 사람이 나를 좋아하지 않는다고 해서 좌절할 필요는 없다. 실패한 사랑에 구구절절 매달릴 시간에 다른 사람을 탐색하라. 그렇게 찾다 보면 훗날 반드시 내가 원하는 사랑을 줄 사람이 나타날 것이다. 안 되는 것을 바라보며 슬픈 표정을 짓기에 우리의 인생은 짧다. 아직 세상에는 너무나 많은 책이 있고, 너무나 많은 사람이 있으니.

Part 3

나는 이제
사랑이 두렵지 않아

그래, 사랑은 변한다
그렇기에 겁나지 않는다

'영원히 변치 않는 사랑'이라는 말은 듣기만 해도 가슴이 뜨거워지고 눈물이 난다. 안전을 추구하며 진화해 온 인류의 특성상 변치 않는 사랑은 남녀 할 것 없이 모두의 로망이다. 그런데 그런 사랑이 정말로 존재하기는 하는지. 가령 내가 모든 걸 잃고 모든 게 바뀌어도 처음의 내 모습 그대로 나를 사랑해 줄 사람이 있을지. 반대로 나는 누군가를 그렇게 조건 없이 사랑해 줄 수 있을지. 역시 선뜻 대답이 나오지 않는다.

간혹 모든 현실을 초월해 언제나 서로만을 바라보며 영화 같은 사랑을 하는 연인들도 있다. 그러나 이는 그들의 케이스가 특별한 것이지, 그러한 경우를 기준으로 사랑을 정의하는 것은 합리적이지 못하다. '사랑을 노력한다는 게 말이 되니.'라는 노래 가사를 볼 때마다 드는 생각이 있다. '그럼 아무 노력 없는 사랑은 말이 되니.' 같은 것. 서로가 편해져 아무런 노력도 하지 않고 늘 퍼져 있는 커플과 항상 서로를 위해 자기 계발을 하고 새로운 시도를 하려는 커플 중 어느 쪽에 더 빨리 권태기가 올까? 답은 불 보듯 뻔하다.

사랑은 변한다. 하지만 이 말을 다르게 해석하면 이미 변해버린 사랑도 노력 여하에 따라 얼마든지 처음의 모습을 되찾을 수 있다는 말이 된다. 특히 상담을 하다 보면 마음이 요동치는 현상을 심심찮게 목격하곤 하는데, 다시는 돌아올 것 같지 않던 사람이 어느새 후회하고 연락해 오는 상황은 이제 신기하지도 않다.

연애에서 오는 모든 상황에 불안해하지 않기를 바란다. 변한다는 사랑의 특성상 언제라도 마음이 돌아설 수 있다는 사실은 슬프지만, 언제든 다시 좋아질 수도 있다는 사실을 잊으면 안 된다. 다만 지금의 사랑이 오래도록 유지되길 바란다면 항시 두 발 벗고 나서 노력할 준비가 되어 있어야 한다. 그하나만 각오한다면 당신의 사랑은 당신이 만족할 만큼 길어질 것이다.

흔히 연애 고수라 불리는 사람들을 실제로 만나 보면 단순히 밀고 당기기만 잘해서 고수가 된 게 아니라는 것을 알 수 있다. 진정한 연애 고수는 특수한 상황에 처했을 때 사랑을 지키기 위해 기꺼이 상처받을 각오가 되어 있다. 물론 상처 따위는 전혀 두려워하지 않으면서 말이다.

　사랑한다면 지켜 내자. 운명을 만드는 건 신의 영역이라지만, 좋은 관계를 만드는 건 우리의 힘으로도 얼마든지 가능하다. 사랑 앞에서 어떠한 노력도 없이 지레 겁부터 먹고 포기하는 나약한 당신이 되지 않기를 바란다.

이 사람,
날 진심으로 사랑할까?

연애를 하다 보면 이런저런 의구심이 들 때가 있다.

'이 사람이 거짓말을 하는 건 아닐까?'

'이 사람에 대해 아직 내가 모르는 사실이 있는 건 아닐까?'

'혹시 이 사람도 미처 내게 말하지 못한 비밀이 있는 건 아닐까?'

연애 초반 혹은 두 사람의 관계가 깊어지는 과정에서 흔히 하게 되는 고민이다. 고민이라고 모두 부정적인 것은 아니듯, 서로를 탐구하고 알아 가는 시기에 이런 걱정거리는 건강한 고민에 속한다. 그에 반해 유독 자존감이 낮아져 있거나 나에게 자신이 없을 때만 드는 고민도 있다.

'이 사람이 나를 진심으로 사랑하고 있을까?'

이처럼 관계 자체에 의구심을 품게 되는 물음은 자존감을 떨어뜨리는 매우 부정적인 고민이다. 다만 수많은 사람의 이야기를 듣고 연애 상담을 해 주며 깨달은 점이 하나 있다면,

처음부터 진심이 아닌 사람은 없다는 것이다. 진심이 아니라면 애초에 시작할 수도 없었을 테니까. 이별로 방황하는 사람들의 사연을 읽어 보아도 중간에서 꼬여 관계가 틀어진 것일 뿐, 처음부터 서로를 사랑하지 않은 적은 없었다.

다시 말해 지금 만나는 사람이 과연 언제까지 나에게 진심일지가 관건이지, 지금 당장 진심이고 아니고는 그리 중요한 문제가 아니다. 연애 초반에는 미적지근했던 사람이 내가 하는 태도에 따라 갑자기 뜨겁게 타오를 수도 있고, 반대로 처음에는 세상 그 어떤 누구보다 나를 사랑해 줄 것만 같던 사람이 나의 태도를 보고 한순간 마음이 식을 수도 있다.

근래 들어 점점 상대의 마음이 의심스럽다면 차라리 그 사람이 오래도록 나에게 진심일 수 있게끔 만드는 데 집중하길 바란다. 두 손 놓고 걱정해 봐야 더 예민해지고 두려워지는 법이다. 이럴 때일수록 마음을 다잡고 자신을 돌아봐야 한다. 당신은 누군가에게 질린다는 느낌을 받아 본 적이 있는가? 있다면 그 마음이 어디서부터 파생되었다고 생각하는가?

초반과는 사뭇 달라진 상대의 모습으로부터 오는 실망감이 사람을 질리게 하는 것이다. 그렇기에 지금 사랑하는 사람이 나를 더 오랫동안 사랑하게 만들기 위해서는 반드시 우리 스스로가 초창기의 모습을 기억하고 되찾아야 한다. 그래도 불안을 쉽게 떨치기는 힘들 것이다. 그런 이들을 위해 지금부터 불안에서 벗어날 수 있는 두 가지 방법을 소개하겠다.

1. 의도적으로 둘 사이에 텀을 둘 것

함께하는 시간이 너무 많아지면 어느새 모든 초점이 상대에게 맞춰지기 쉽다. 그리고 대부분 이 시기에 본인 고유의 모습을 잊어버리게 된다. 이처럼 붙어 지내는 시간이 길어질수록 나도 모르게 연애가 불안하고 상대가 의심스러워지는 이유는 그가 삶의 중심이 되어 버렸기 때문이다. 나의 고유한 매력을 되찾고 싶다면 의도적으로라도 텀을 두어 그가 없는 시간과 친해져 보자. 처음에는 어색하겠지만 머지않아 오랫동안 잊고 지냈던 나를 만나게 될 테니까.

2. 그와 함께할 때만큼 재밌는 걸 찾을 것

텀을 두기만 한다고 모든 일이 해결되는 것은 아니다. 이제 그 텀 사이를 무엇으로 채울지를 생각해야 한다. 그렇다고 너무 어렵게 생각할 필요는 없고, 그저 내 시간을 빨리 흘러가게만 하면 된다. 예컨대 친구와 수다를 떨 수도 있고, 너무 심오하게 빠지지만 않는다면 게임이나 술자리도 삶의 활

력소가 될 수 있다고 생각한다. 그러니 눈치 보지 말고 내가 가장 집중할 수 있는 일을 찾아 실행해 보자. 그와 떨어져 있는 시간들이 모여 자립심을 만들고, 그 자립심이 다시 자존감을 만들어 줄 테니. 우리가 처음 시작하던 날, 가장 빛나고 당당했던 당신의 모습 그대로.

불편할수록
설레는 연애

검색창에 '연애 잘하는 법'을 검색하면 수많은 정보가 쏟아져 나오지만, 정작 연애의 원리는 간단하다. 바로 '한결같은 모습'을 보이는 것. 더 정확히 말하면 처음 상대가 나에게 가장 뜨거운 온도를 보이던 그때의 내 모습을 유지하는 것이다. 그것이 연애를 잘하는 방법이자 오래도록 상대를 내게 빠지게 만드는 기술이다.

좋은 관계를 오래 유지하기 위해서는 무언가를 추가하기보다 하던 걸 꾸준히 하는 게 10배는 더 중요하다고 생각한다. 물론 쉽지 않은 일이다. 어렵고 불편하기도 하다. 그렇기에 많은 연인이 시간이 흐를수록 자연스레 노력하지 않게 되고, 두 사람은 점점 더 편한 사이가 된다.

그렇다고 편한 사이가 무조건 안 좋다는 말이 아니다. 연애가 주는 설렘만큼이나 편안함은 두 사람의 유대감을 다져 주는 값진 감정이다. 대부분의 결혼을 결심한 사람들만 봐도 어느 한순간 미래를 그리는 데 편안함이 결정적인 역할을 했다는 것은 부정할 수 없다. 다만 아직은 편안함이 아닌 설렘과 간질간질한 긴장을 느끼고 싶다면 편해지는 감정을 과감히 경계해야 한다. 힘겹게 매력을 관리하고, 필요하다면 조금은 불편한 주도권 싸움도 각오해야 한다. 원래 연애는 어려운 일이고, 연애를 잘하는 건 힘겨운 일이다. 그러므로 상대에게 언제나 매력적인 사람으로 보이고 싶다면 노력을 멈춰서는 안 된다.

나는 현재 나와 잘 맞는 사람을 만나 몇 년째 단 한 번의 싸움도 없이 행복한 연애를 유지하고 있다. 누군가의 눈에는 오래 알고 지내어 마냥 가족처럼 편한 연인으로 보일지 모르겠다. 그러나 천만의 말씀이다. 나는 지금도 연애 초반의 설렘과 긴장을 느낄 때가 많다. 어떻게 그게 가능한지 궁금할 텐데, 이는 서로가 보이지 않는 곳에서 누구보다 불편하게 매력 관리를 하기 때문이다.

서로에게 뒤처질세라 더 열심히 운동하고, 스펙을 위해 본업에 충실하고, 심지어 돈을 모으는 일까지 경쟁한다. 자칫 피곤해 보여도 우리는 서로를 좋은 경쟁자로 여기며 나날이 성장하는 중이다. 연애한 지 5년 차가 되어 가면서도 늘 상대가 보고 싶고 상대도 나를 그리워하는 연애가 어디 쉽겠는가? 하지만 그런 연애가 즐겁냐고 묻는다면, 정말 이래도 되나 싶을 만큼 즐겁다. 우리는 매일매일 더 매력적인 서로를 바라보는 중이니까. 그리고 나는 언제나 지금처럼 설레고 싶다.

연락에
목숨 걸 필요 없어

연인 사이에 연락은 매우 중요한 신뢰의 수단이다. 그러나 단순히 연락만을 가지고 상대의 마음을 계산할 수는 없다. 생각보다 많은 사람이 사랑의 크기가 연락의 빈도와 비례한다는 착각을 한다. 잠깐만 연락이 닿지 않아도 극도의 불안을 느끼거나 쓸데없이 상상의 나래를 펼치는 사람들의 특징이기도 하다. 물론 마음이 뜨기 시작하면 무관심 속에 연락이 뜸해지는 건 사실이지만, 오로지 그 반응만을 보고 상대의 모든 마음을 부정하는 것은 곤란하다. 중요한 것은 연락의 빈도가 아니라 나에게 전달되는 진심이니까.

연락 문제처럼 연인끼리의 소통을 주제로 상담할 때면 크게 두 가지를 나눈다. 전화와 메시지 같은 비대면의 영역을 '온라인의 소통', 직접 만나 얼굴을 맞대고 시간을 보내거나 데이트를 하는 대면의 영역을 '오프라인의 소통'. 만약 상대의 마음이 정말 떠났거나 식어 버린 상황이라면, 온라인과 오프라인에서 나를 대하는 태도 전부 성의 없어야 한다. 그러나 두 가지 태도의 반응이 다르다면 좀 더 깊이 확인해 볼 필요가 있다.

예를 들어 연락이 뜸한 게 미안해서 만났을 때만큼은 온전히 나에게 집중하고 몰입하려는 태도를 보인다면, 이는 마음이 뜬 게 아니다. 반대로 시간상 자주 만나지는 못하지만 이를 만회하기 위해 연락에 신경을 많이 쓰는 게 느껴져도 마음이 떴다고 볼 수는 없다. 그러니 너무 연락에 목숨을 걸지 않았으면 한다. 서로의 마음은 오롯이 지금껏 당신이 느껴 왔던 그의 진심을 보고 결정해야 한다. 그보다 더 절대적인 지표는 없기 때문이다. 부디 멀리 보자. 일시적인 상황이나 반응이 불안해 무작정 사랑하는 사람을 의심부터 하고 보는 어린 당신이 되지 않기를 바란다.

그러려니
할 수 있는 여유

말과 말 사이에 공간이 생기는 현상을 마가 뜬다고 표현한다. 평소 외향적이거나 수다를 좋아하는 사람이라면 돌연 분위기가 어색해지고 공기가 낯설어지는 상황만큼 불편한 순간도 없을 것이다. 그런데 그중에서도 특히 연인 간에 대화를 나누다가 마가 뜨면 불편함을 넘어 약간의 불안감까지 밀려들곤 한다. '나랑 있는 게 재미없나?', '내가 잘못한 게 있나?' 등등 여러 상상의 나래를 펼치게 된다. 물론 불만이 있어 고의적으로 말을 하지 않는 걸 수도 있지만, 근래 이렇다 할 사건이 없는 이상 마가 뜨는 이유는 대부분 그냥 뜨는 것이다. 연애를 하다 보면 편안한 분위기로 인해 멍해지는 순간들이 있다. 그리고 이러한 순간은 대개 시간이 지나면 자연스레 사라진다.

굳이 의미 없이 찾아온 순간에 의미를 붙여 불안해할 이유는 없다. 모든 문제가 반드시 해결법을 찾아야만 해결되는 것은 아니다. 우리가 인지하지 못할 뿐, 우리 삶의 많은 부분은 자연스럽게 흘러가다 해결된다. 무엇이든 문제라고 생각하는 순간 정말 문제가 되는 것이다. 그러니 사소한 일에 일일이 에너지를 낭비하지 않길 바란다.

그가 피곤해 보인다면 그저 피곤한 것일 뿐이다. 지루해 보인다면 그저 지루한 것일 뿐이다. 말이 없다면 마땅히 할 말이 없어 아무 생각도 하지 않는 중일 것이다. 구태여 이 구간에 의문을 구겨 넣어 불안해하지 않기를. 나와 함께하는 매 순간이 즐겁고, 행복하고, 신날 수는 없다. 사람에게 나오는 도파민은 그렇게 방대하지 않으니. 그냥 '그러려니.', '그럴 수 있지.' 하며 흘려보내는 태도도 내공이고 지혜다. 그리고 모두가 매력적이라고 느끼는 여유 있는 태도란 바로 이런 생각에서부터 출발한다.

말에 큰 의미를
두지 말자

"저를 사랑한다고 하면서 정작 시간은 내지 않아요."

"말은 틱틱거리면서도 날마다 저를 데리러 와 줘요."

"결혼까지 약속했으면서 어쩜 그리 쉽게 마음이 변할 수 있죠?"

연애를 하건, 아직 알아 가는 사이건, 사랑을 하다 보면 종종 헷갈리게 되는 순간이 있다. 그중 가장 대표적인 상황이 이처럼 상대의 말과 행동이 서로 다를 때이다. 언제나 사랑을 말하면서 행동은 냉담하게 구는 사람이 있는가 하면, 애정 표현은 절대로 하지 않으면서 행동은 늘 상대를 위해 희생하는 사람이 있다. 당사자가 보기에는 참으로 답답하고 얄미운 태도가 아닐 수 없다. 이 사람이 정말 나를 좋아하는지, 싫어하는지, 관심이 있기는 한 건지 쉽게 가늠이 안 되기 때문이다.

그러나 이 같은 고민으로 오래 힘들어할 것까지는 없다고 생각한다. 답은 이미 어느 정도 정해져 있으니 말이다. '말과 행동이 다르다면 정답은 행동에 있다.' 말로는 세상을 다 줄 것처럼 이야기해도 정작 행동이 그렇지 않다면 그 정도가 그 사람의 마음이라고 생각한다. 즉, 말에 너무 큰 의미를 두어서는 안 된다는 뜻이다.

예를 들어 만날 때마다 늘 결혼에 대해 이야기하는 사람이 있다고 하자. 물론 상대가 무척 마음에 들고 그만큼 깊이 사랑한다면 충분히 할 수 있는 결심이다. 그러나 결혼하는 데 필요한 현실적인 노력과 준비는 전혀 하지 않으면서 말로만 원한다고 한다면, 그는 진심으로 결혼하고자 마음먹은 게 아니다.

혹시 당신은 이런 경험이 있는가? 어쩌다 누군가에게 관심이 가기 시작했는데, 아무리 봐도 내가 좋아하는 기준에 해당하는 사람은 아니다. 심지어 다른 이들이 봐도 나와는 결이 다르다고 한다. 그런데 자꾸만 연락이 기다려지고 주기적인 만남을 갖게 된다. 그러다 다른 이성과 찍은 사진이라도 올라오면 온종일 신경이 쓰이고 마음이 불안해진다.

그런 자신이 낯설고 도대체 왜 그러는 건지 싶겠다. 인정하기 싫겠지만, 당신은 이미 사랑에 빠졌다. 말로는 아무리 부정해도 행동이 반대 방향으로 움직이고 있기 때문이다. 고로 사랑하는 데 있어 말에 큰 의미를 두어서는 안 된다. 그 말에 큰 상처를 받아서도 안 된다. 시간이 지나도 옆에 남아 있는 결과물은 결국 지금의 행동이 만들어 준다는 걸 기억하자.

진심이 통하지 않는다면
진심을 숨겨라

'진심은 통한다.'

'간절히 바라면 언젠가 세상이 도울 것이다.'

읽기만 해도 절로 동기 부여가 되는 멋진 말이다. 가끔은 냉정한 팩폭과 해결법보다 한 줄의 글이나 명언이 삶을 지탱해 주는 힘이 될 때가 있다. 콘텐츠와 연애 솔루션이 치밀하다는 평을 받는 나 역시 컴퓨터 바탕 화면에 이와 비슷한 명언이 줄줄 박혀 있다. 딱히 근거는 없지만, 이상하게 볼수록 힘이 난다. 간절히 원하고 노력하면 반드시 마음이 닿는 법이다.

그러나 연애의 관점에서 보면 썩 들어맞는 말은 아니다. 좋아하는 사람의 마음을 얻는 일은 진심만으로는 되지 않기 때문이다. 특히 누군가를 간절히 좋아했다가 거절당한 경험이 있다면 더욱더 공감할 것이다. 그렇다고 좋아하는 사람을 대할 때마다 아닌 척 마음을 숨길 필요는 없다. 먼저 호감을 드러내고 다가가도 좋다. 최소한 그도 내가 본인을 좋아한다는 것쯤은 알아야 하니까. 다만 시간이 갈수록 나를 거부하고 밀어내는 게 느껴진다면 어쩔 수 없이 포기해야 한다. 우리에게 좋아할 자유가 있다면 상대에게도 거절할 권리가 있으니. 포기하는 것 또한 용기 있는 일임을 잊지 않았으면 좋겠다.

하지만 하는 데까지는 해 보고 돌아서야 후회가 남지 않는다는 것 역시 변치 않는 진리다. 그렇다면 어디까지 하라는 말일까? 예컨대 이미 진심을 보인 상대에게 다가갔더니 거절을 당했다. 이 같은 상황에서 하는 데까지 해 보라는 말은 어떤 의미일까? 혹시 고백을 떠올렸다면 굳이 말리지는 않겠다. 그러나 통계상 확신이 없을 때 나오는 고백은 십중팔구 실패한다는 사실을 기억해 뒀으면.

나는 고백 대신 조금 다른 방법을 추천하고 싶다. 진심을 드러냈는데도 별 효과가 없었다면 아예 진심을 감춰 상대를 헷갈리게 하는 것이다. 이는 누군가의 기억에 오래 남는 방법 중 하나이며, 그 사람의 예측 패턴이 깨지게끔 만들 수 있다. 다음 날부터 아예 관심이 없음을 공공연하게 티 내면서 서서히 그에게 '서운함'이라는 감정을 심는 것이다.

이렇게 한다고 상대가 서운해할지 의문이 들 수도 있겠다. 예를 하나 들어 보자. 조카가 있는 사람은 알겠지만, 명절 때마다 유독 귀찮게 구는 집안의 장난꾸러기들이 있다. 가만히 있고 싶어도 놀아 달라며 떼를 쓰는 탓에 결국 못 이기는 척 최선을 다해 놀아 주곤 한다. 그러다 어른들이 돌아가려고 하면 그 시간이 얼마나 재미있었는지를 돌이키며 아이는 눈물을 보인다. 그렇게 다음 명절이 되고, 놀랄 만한 일이 펼쳐진다. 당신과 떨어져 있기 싫다고 떼를 쓰던 조카가 이제는 당신을 본체만체한다. 이유를 물어보니 이 조그만 녀석에게 남자 친구가 생겼다는 답을 들을 수 있었다. 조카는 다가오는 당신을 밀치고 고개를 푹 숙인 채 의문의 녀석과 문자만 주고받는다. 이때 당신의 기분은 마냥 홀가분하고 즐거울까? 분명 그렇지만은 않을 것이다.

이는 한때 조카가 당신에게 부여한 가치를 박탈했기 때문에 느끼는 감정이다. 물론 이 행동이 모든 남녀 관계에 적용되지는 않겠지만, 적어도 지금보다 상대가 당신을 생각하게 만들 계기가 되리라 확신한다. 당겨서 해결되지 않았다면, 이번에는 언제 그랬냐는 듯 확실히 밀어 보자. 진심을 보여도 해결되지 않았을 때의 다음은 진심을 숨겨서 해결을 원하지 않는 모습을 보이는 것이다. 포기는 그다음에 해도 늦지 않다.

생각이 커질수록
마음이 커진다

짝사랑이 길어지면 점점 겁이 나기 시작한다. 그러면서 상대에 비해 내가 너무 초라하게 느껴지고 다가가 봐야 거절당할 것 같은 느낌에 사로잡히게 된다. 그만큼 그 사람의 가치를 높이 보고 있기 때문이다. 혹은 이별한 지 얼마 되지도 않았는데 상대가 잘 사는 모습을 보이거나 확실하지는 않지만 벌써 다른 누군가가 생긴 듯한 느낌이 들기도 한다. 하루하루 골머리를 앓다가 결국 한 번쯤은 다시 만나서 진지하게 이야기를 나눠 보고 싶다는 마음이 든다.

이 두 가지 상황은 비슷한 점이 있다. 정작 상대는 가만히 있는데 나 혼자 그 사람에 대한 마음을 키웠다는 점이다. 당신은 누군가를 간절히 원해 본 적이 있는가? 있다면 그 사람을 처음 본 순간부터 그런 마음이 들었는가? 높은 확률로 그렇지 않을 것이다.

오히려 그 사람을 좋아하게 되는 과정 중 나도 모르게 마음이 커지게 되었을 것이다. 마음은 생각 투자에 따라 간절함이 결정된다. 그 말인즉, 별 감정이 없던 사람도 신경 쓰이기 시작하면 마음이 생길 수 있다는 뜻이다. 사랑이란 여러모로 사람을 바보로 만드는 마법 같기도 하다.

그러니 당신도 어느 날 누군가를 너무 사랑하게 되어 불안해지거나 스스로 작아지는 기분이 든다면 기억하라. 지금 당신의 마음도 생각이 만들어 낸 함정일 수 있다. 상대는 당신의 생각처럼 대단한 사람이 아니고, 당신도 당신의 생각처럼 모자란 사람이 아니다. 그러니 초장부터 겁을 내거나 불안을 드러내지 마라.

차라리 그런 마음이 들수록 생각을 분산시켜라. 그 사람의 사진이나 들여다보고 있을 시간에 친구를 만나고, 게임을 하고, 쇼핑을 하자. 제법 짧은 시간 안에 마음이 편해지는 경험을 하게 될 것이다. 생각이 만든 함정은 다시 다른 생각으로 빠져나오면 그만이다.

뜨겁게 사랑받고 싶다면
100%를 채워 주지 마라

소개팅을 하다 보면 내가 생각했던 상황과는 다른 전개로 흘러갈 때가 있다. 만나서는 분명히 말도 잘 통하고 분위기도 좋았는데, 이상하게 집에 돌아가면 연락이 오지 않는 그런 상황 말이다. 퍽 자존심 상하기도 하면서 한편으로는 '내가 그렇게 별로였나?', '내가 무슨 실수라도 했나?' 하는 별의별 생각이 괴롭힌다. 물론 그 이유 때문일 수도 있겠지만, 생각보다 그럴 확률은 높지 않다.

대개 이런 경우, 반 이상은 당신의 태도가 원인이었을 테니. 당신의 생각대로 그 사람이 당신을 별로라고 생각했거나 실수가 마음에 안 들었다면 애초에 화기애애한 분위기가 되지도 않았을 것이다. 그렇다면 대체 무슨 태도가 오늘의 소개팅을 망쳐 버린 것일까? 첫 만남에 특별히 예의 없는 행동을 하지도, 공격적인 말을 하지도 않았을 텐데 말이다. 그럴 때는 혹여 내가 과하게 친절했던 건 아닌지 떠올려 보자.

남녀를 불문하고 리액션을 싫어하는 사람은 없을 것이다. 그래서 우리는 처음 보는 사람을 대할 때 조금 더 집중하려는 경향이 있다. 특히 그 사람이 마음에 들거나 잘해 보고 싶다고 생각이 들면 더더욱. 요컨대 성격적으로 크게 문제가 있는 사람이 아니고서야 상대의 리액션에 반감을 드러내는 사람은 없다. 리액션 좋은 사람과의 대화는 늘 흐름이 좋고 편안하니까.

다만 남녀 관계에 있어 과한 리액션은 상대의 마음을 해이하게 만들 수 있다. 가령 상대와 처음 만나는 자리에서 더 잘해 보고 싶다는 이유로 온갖 리액션과 과한 친절을 베푸는 것은 자칫 저자세가 될 수 있다. 초반부터 내가 가진 마음을 다 오픈하면 상대는 더 이상 당신을 궁금해하지 않을 거라는 뜻이다. 남녀 사이에서 반드시 주도권을 쥐어야 하고, 누가 더 저자세고를 따져야 할 필요는 없지만, 한쪽이 100%를 다 채워 주면 다른 한쪽은 자연스레 노력하지 않는다는 점을 명심하라.

이런 상황을 소개팅으로 치환해 해석한다면, '굳이 내가 먼

저 연락해서 만날 사람은 아니지.'라는 결론이 나온다. 상대
는 당신의 마음이 더 크다고 생각할 테니 말이다. 참 불편한
진실이지만, 우리의 연애사를 돌아봐도 마찬가지다. 처음부
터 끝까지 배려하고 맞춰 주고 양보하는 사람이 과연 얼마나
오랫동안 매력적으로 보일 수 있을까.

　조금 어색하더라도 한 번쯤은 가볍게 장난도 치고, 놀리기
도 하면서 상대를 완전히 방심하게 만들지 말자. 시간이 지
나도 처음처럼 뜨겁게 사랑받는 사람들의 공통점은 완전한
100%를 채워 주지 않는 태도에 있다고 본다. 꾸준히 누군가
를 노력하게 만드는 원동력으로는 이만한 게 없으니.

'원래'라는 말은
없는 말이다

깊이 사랑에 빠진 사람에게는 굳이 말이나 행동으로 규정할 수 없는 눈에 띄는 변화가 있다. 바로 상대를 위해 자신만의 규칙을 깬다는 것이다. 만약 누군가 당신을 얼마나 사랑하는지 궁금하다면 이거 하나만 따져도 좋다. '그가 당신을 위해 자신의 규칙을 얼마나 깨고 있는지' 확인해 보는 것이다.

규칙을 깬다는 건 이런 의미다. 예를 들어 늦어도 10시까지는 무조건 집에 귀가하는 게 자신만의 규칙인 사람이 있다. 그런 사람이 상대와 더 오랜 시간을 보내고 싶어 10시가 넘도록 귀가하지 않는다면, 그 사람은 상대를 향한 마음으로 규칙을 깬 것이다.

그런데 만약 이때 상대에 대한 마음이 크지 않다면? 아무리 함께 보내는 시간이 즐거워도 10시가 되면 귀가 준비를 한다. 아직은 마음의 힘이 이성의 힘을 이기지 못하는 것이다. 더 나아가 아예 마음이 없다면? 10시까지 귀가하는 것이 규칙이지만 규칙 위에 규칙을 더 얹어 6시까지 귀가해야 한다는 새로운 규칙을 만들어 내기도 한다. 물론 그 규칙 뒤에 '원래'라는 핑계를 붙이는 것도 빼놓지 않는다.

이것이야말로 현재 사랑에 빠진 사람을 판단하는 방법이자 그 사람의 마음을 재는 줄자라고 생각한다. 이렇게 놓고 보면 '원래'라는 표현이 얼마나 부질없게 느껴지는지. 사랑은 사람에 따라 달라질 뿐, 사랑 앞에 '원래'라는 말은 없다. 원래 그렇다는 사람은 멀리하자. 원래 그런 게 아니라 그냥 당신이라서 그런 것이니.

차라리 바쁜 사람이
연애하기 좋다

"남자 친구가 너무 바빠서 연애에 소홀한 거 같아요."
"여자 친구가 바쁠 때마다 저한테 무관심해지는 게 서운해요."

애인이 바빠서 생기는 서운함은 연애의 영원한 딜레마다. 중간중간 연락이 안 되는 건 기본이고, 어떤 날은 나에게 관심을 두는지도 헷갈릴 만큼 서운하다. 만약 우리가 이런 상황에 처했다면 이 관계를 어떻게 극복해야 할까? 이럴 때는 서로 이해할 수 있는 지점을 찾아야 하는데, 말은 쉽지만 중간을 찾는 것이 그리 간단한 문제는 아니다.

물론 나의 연애 패턴이 서운함을 견딜 수 없는 스타일이라면 구태여 맞지 않는 사람을 끌고 중간 지점을 찾을 필요는 없다. 그렇다고 상대가 바쁘다며 무작정 이별을 선언하는 것도 그다지 현명하진 않다. 이때는 서운함을 느끼기보다 차라리 상대가 바쁨으로 인해 내가 얻는 혜택에 집중해 보는 건 어떨까 싶다.

바빠서 나에게 무관심한 사람더러 무슨 혜택을 받을 수 있냐고 물을 수 있다. 당연히 바쁘다는 핑계로 어떠한 노력과 성의조차 보이지 않는 사람이라면 정리하는 것이 답이다. 그런 경우에는 정말로 관심이 없어 바쁜 척하는 것일 수도 있다. 그러나 자신이 신경 쓰지 못하는 상황을 늘 미안해하고 만났을 때만이라도 노력하려는 게 느껴진다면 이대로 놓기에는 너무 아까운 사람이다.

조금 더 넓은 시선에서 보면 바쁘다는 것은 자신의 삶을 주도적으로 살고 있다는 증거이기도 하다. 반대로 연애만 하면 일은 뒷전으로 미루고 사랑에 올인하는 유형이 있다. 초반에는 이런 사람이 좋아 보이겠지만 연애 전선이 조금만 흔들려도 극도로 예민해지는 경향이 있다. 혼자서 삶의 중심을 잡는 힘이 부족하기 때문이다.

오히려 장기 연애하는 커플을 분석해 보면 한가한 사람이 없다. 그들은 늘 무언가에 몰두하고, 자신의 삶을 개척하기 위한 노력을 게을리하지 않는다. 아마 본인의 인생을 스스로 채우려는 책임감이 그 사람을 더욱더 매력적으로 느끼게끔 만드는 듯하다. 그리고 이러한 유형의 대다수는 의외로 상대에게 크게 바라는 것이 없다. 바쁠수록 삶에서 원하는 것이 안정감 하나이기 때문이다. 이 말을 뒤집으면 바쁜 사람을 만나는 나 역시 상대에게 크게 신경을 쓰지 않아도 연애가 굴곡 없이 유지된다는 뜻이다.

사랑 안에서 느껴지는 서운함은 대개 초반부에 쏠려 있다. 그래서 그 시기만 잘 넘기면 비로소 연애의 안정기에 접어들 확률이 높다. 나 또한 누군가 안정적인 연애가 하고 싶다고 말하면 바쁜 사람을 만나 보라고 조언하곤 한다. 큰 힘을 들이지 않아도 안정성이 유지되는 경우가 많기 때문이다.

행여 지금 만나는 사람이 바쁘다 해도 너무 불안해하지 마라. 바쁘다는 건 적어도 그 사람이 본인 삶의 중심을 잡을 줄 아는 사람이라는 게 입증된 것뿐이다. 또한 정말 진국 같은 사람은 거의 이 유형에 쏠려 있다. 이 말은 믿어도 좋다.

오래 만나고 싶다면
그릇의 크기를 맞춰라

사랑할수록 외로워지는 사랑을 해 본 적이 있는가? 주는 사랑에 비해 받는 사랑이 턱없이 부족하다고 느껴질 때 가장 먼저 '밑 빠진 독에 물 붓기'라는 속담이 생각난다. 서로가 부을 수 있는 사랑의 양과 표현이 다르면 이처럼 생각지도 못한 곳에서 물이 새기 시작한다.

혹자는 이런 상황을 두고 그저 그 사람의 마음이 변한 거라고, 그만큼 널 좋아하는 게 아니라서 그런 기분을 느끼게 하는 거라고 아무렇지 않게 조언하는데, 참 모르는 소리다. 사랑한다고 모든 사람이 연애에 헌신하게 되는 건 아니다. 철 모르던 어린 시절이라면 모를까, 사회생활을 하는 성인이 그토록 연애에 빠져드는 건 결코 쉬운 일이 아니다.

표현 방식이 맞지 않아 싸운다는 커플들을 들여다보면 늘 빠지지 않고 깔려 있는 전제가 있다. 바로 서로가 서로의 노력을 몰라 준다는 것이다. 이 사실을 깊이 파고들면 저마다 사랑을 담아내는 그릇의 크기가 다를 뿐이라는 걸 알 수 있다. 당신에게 부족한 사랑을 주는 그들도 대부분 엄청난 노력 중일 확률이 높다.

사람마다 위장의 크기가 다르듯, 연애에서도 사랑을 담는 그릇의 크기가 제각각이다. 예를 들어 당신이 혼자 식당에 밥을 먹으러 갔는데, 우연히 그곳 사장님과 친해져 특별히 당신에게만 곱빼기 양의 음식을 주셨다고 가정해 보자. 당신은 사장님의 성의를 생각해 최대한 그릇을 비웠지만, 그래도 양이 너무 많아 반도 채 먹지 못하고 계산을 하러 갔다. 그러자 사장님이 대뜸 자신의 성의를 무시했다며 핀잔을 준다. 아마 이런 상황에 놓이면 당신도 똑같이 말했으리라. "나도 노력했어요!"라고.

누군가와 오래 만나려면 사랑의 크기보다 사랑을 담아내는 그릇의 크기를 정확히 알아야 한다. 처음에는 힘들고 버겁겠지만 이 과정을 함께 극복해 나가야 어엿한 장수 커플이 될 수 있다. 그러므로 늘 사랑의 그릇을 눈여겨보는 습관을 들이자. 음식의 양을 줄이든지 더 주든지, 그릇을 덜어낼지

더 채울지. 이 간극을 서로 조율하지 못하면 반복되는 서운
함에서 쉬이 벗어나기 어렵다.

사랑하는 사람을
이겨 봐야 뭐가 남나

평범한 하루를 보내다가도 이상하게 내가 진 것 같은 날이 있다. '아, 그때 한마디라도 더 할걸.', '생각할수록 열받네?' 등등 왜 이런 생각은 꼭 집에 돌아온 후에야 드는지 모르겠다. 정작 그 상황에서는 크게 저항하지도 못했으면서 말이다.

물론 이런 짜증이야 하룻밤만 자고 일어나면 잊히는 것이 일반적이지만, 그렇다고 너무 지고만 다니는 게 반드시 현명한 처세는 아니다. 원하든 원하지 않든, 한번은 물러서지 말아야 할 순간도 있는 법이다. 그런 상황에서조차 최소한의 저항 없이 물러난다면 한동안 깊은 굴욕감에 시달리게 될 것이다. 고로 지면 안 되는 상황에서는 지지 말아야 한다. 그러나 사랑하는 사람과의 상황이라면 말이 달라진다. 만약 요즘 들어 내가 유난히 애인에게 진다는 느낌을 받거나 반드시 이기고 싶다는 마음이 든다면, 부디 그 사람과는 멀리 가지 않기를 바란다. 연애까지라면 몰라도 평생을 함께 그려 나갈 사람은 아니라고 생각한다.

사랑이라는 말의 참된 의미는 이기고 진다는 개념이 없는 상태다. 그저 더 잘해 주지 못해 미안하고, 감사하고, 지켜 주고 싶다는 마음이 드는 사람을 만나면, 미래는 그때 그려도 늦지 않다. 너무 현실성 없는 소리 같다고 생각할 수 있지만 그렇지 않다. 조건과 배경이 살과 근육이라면, 사랑하는 마음은 뼈와 같다. 살과 근육은 늘었다가 줄어들 수 있지만, 짧아졌다가 길어지는 뼈는 세상에 없지 않은가.

온 마음으로 사랑하는 사람을 만나 서로 소중히 여기는 경험을 해 봤으면 좋겠다. 내가 사랑하는 사람을 이겨 봐야 뭐 하겠는가. 내가 사랑하는 사람을 눌러 봐야 누구에게 좋은 일이겠는가. 함께 있기에도 아쉬운 날들인데, 더는 승패가 달린 게임 같은 연애로 감정을 소비하지 말자.

이럴 때는 오히려
잘해 주지 않는 게 낫다

좋은 것은 늘 함께 나누고 예쁜 말과 애정 표현을 아끼지 않는 등 서로 챙기며 아껴 주는 모습은 생각만 해도 행복한 그림이다. 그러나 연애의 모든 순간이 아름다울 수는 없듯, 이러한 호의를 전부 멈춰야 하는 때가 있다. 바로 두 사람 사이에 이별이 다가오고 있는 순간이다.

이별을 전제로 시간을 갖고 있거나 금방이라도 이별이 찾아올 것만 같은 냉전 상태일 때가 그렇다. 믿기 어렵겠지만 이럴 때는 최대한 가만히 상황을 지켜보는 편이 낫다. 물론 준비되지 않은 이별이 언제 들이닥칠지 몰라 크고 작은 두려움과 걱정이 앞서는 건 당연하다. 그렇다고 다가오는 이별을 물리치고자 편지를 쓰고 선물을 보내는 것은 결코 좋은 결과를 얻을 수 없다.

만약 두 사람의 사이가 좋다면 편지를 쓰고 선물을 주는 행위 자체가 긍정을 불러올 수 있다. 하지만 이별을 앞둔 상황에서 선뜻 호의를 내비쳤다가는 헤어지기 싫어 아부하는 것으로 보일 수 있다. 잘해 보자고 내민 손이 저자세를 불러와 도리어 매력을 떨어뜨리고 마는 것이다. 대다수 연인이 마지막 편지나 선물에 감동하기보다 불편함을 내색하는 데에는 이유가 있다.

당사자는 이렇게라도 진심을 보이면 상대가 알아주지 않을까 생각하지만, 틀어져 버린 관계를 되돌리는 데에는 이벤트보다 공백의 시간이 더 효과적이라는 사실을 잊지 마라. 솔직히 말해서 이미 상황이 여기까지 왔다면, 아쉽게도 우리가 할 수 있는 건 생각보다 많지 않다. 그저 잠시 떨어져 지내며 내가 완전히 사라진 일상을 살아 볼 수 있도록 해야 한다. 조금의 공허함이라도 느끼게끔 말이다.

오래전부터 쌓이고 쌓여 삐거덕거리기 시작한 관계를 어떤 계기 한 번으로 전부 되돌릴 수 있다고 생각하는 건 너무 얄팍하다. 천천히 마음이 떠났듯, 천천히 마음을 채워야 한다. 갑자기 잘해 주며 마음을 되돌리라고 보채는 행위는 이기적인 마음이다. 가뜩이나 안 좋은 상황에서 이기적인 모습을 보이는 것만큼 최악은 없을 것이다.

그 사람이 그리운 것일까
그 시절이 그리운 것일까

문득 오래전 기억의 서랍 속에 넣어 둔 사람이 그리워질 때가 있다. 잘 지내고 있는지, 가끔은 내 생각을 하는지, 아직도 한 손으로 운전하는 습관은 고치지 못했는지. 이처럼 왜인지는 몰라도 불현듯 그 사람이 궁금해지는 시기가 있다. 그것도 꽤 오랜 시간이 지난 후에야 말이다. 놓쳐 버린 인연을 다시 잡고 싶다며 상담을 신청해 오는 사람 중 대다수가 이와 비슷한 맥락에 빠져 있다. 하지만 나는 대개 이런 경우에는 선뜻 상담을 받지 않는다. 지금의 그리움이 가짜일 수도 있기 때문이다.

누구나 풋풋한 사랑을 하는 시절이 있다. 솟아오르는 감정을 주체하지 못하고 사람을 대할 줄 모르던, 참 순수한 시절의 연애. 생각만으로도 머릿속에 아름다운 영화 한 편이 상영되는 기분이다. 하지만 그렇다고 그 사람과 영화 속에서만 살 수는 없다. 거듭 연애를 시작하게 된다면 우리는 원치 않는 여러 충돌과 마찰을 다시 마주해야 할 것이다. 과연 그런 순간이 왔을 때 후회하지 않을 수 있을지는 조금 더 시간을 두고 생각해 볼 일이다. 그래도 헤어진 지 오래된 연인과 다시 관계를 이어 가고 싶다면 꼭 따져 봐야 할 네 가지가 있다.

1. 우리는 무슨 이유로 헤어졌을까?
2. 지금의 그 사람은 그 시절 내가 원했던 걸 해 줄 수 있을까?
3. 지금의 나는 그 시절 그 사람이 원했던 걸 해 줄 수 있을까?
4. 만약 그렇지 않다면, 나는 어떻게 극복할 것인가?

이 네 가지 질문에 딱히 이렇다 할 대안이 떠오르지 않는다면 부디 추억의 서랍은 닫아 두기 바란다. 재회 욕구는 감정으로 인해 시작되는 게 맞지만, 관계의 유지는 감정만으로 되는 것이 아니다. 즉, 하나라도 명쾌한 답변이 나오지 않았다면 단호히 말해 당신의 그리움은 가짜일지도 모른다. 그 사람이 그리운 것이 아니라 그저 그 시절에 사랑받고 사랑하던 예쁜 그림을 다시 보고 싶은 마음에서 말이다. 문득 가수 이문세의 '옛사랑'이라는 노래의 한 구절이 떠오른다.

이제 그리운 것은
그리운 대로 내 맘에 둘 거야.
그대 생각이 나면 생각난 대로
내 맘에 두듯이.

예전에는 이 가사가 도무지 이해되지 않았다. '아니, 그립고 생각나면 찾아가면 되지! 왜 그대로 두는 거야!' 글쎄, 이제 와 생각해 보면 다 그대로 두어야 할 이유가 있었던 게 아닐까.

절대 만나면
안 되는 사람

"절대 만나면 안 되는 사람은 어떤 사람인가요?"

연애 콘텐츠를 만드는 사람이라면 한 번씩은 들어 봤을 질문이다. "꼭 만나야 하는 사람의 특징은 뭔가요?", "절대 만나면 안 되는 사람의 특징은 뭔가요?" 등등. 그런데 정말 솔직히 말해서 그게 다 무슨 소용인가 싶다. 좋은 사람의 특징을 안다고 해서 누구나 좋은 사람을 만날 수 있는 것도 아니고, 안 좋은 사람의 특징을 안다고 해서 반드시 그런 사람을 피할 수 있는 것도 아니기 때문이다.

단, 그럼에도 불구하고 진심으로 상처받지 않는 연애를 갈망한다면 그 사람의 말투는 꼭 확인해 보고 만나라. 단순히 "말을 예쁘게 하는 사람을 만나라.", "함부로 말하는 사람을 걸러라." 하는 류의 조언이 아니다. 사실 사람의 말투는 지금껏 살아온 환경과 평소 인간관계에 따라 얼마든지 스타일이

다룰 수 있다.

평소 말투가 투박하고 아무렇지 않게 욕을 하는 사람이 있다고 해서 무조건 그를 나쁜 사람이라고 볼 수는 없다. 정말 아무 생각 없이 나오는 언어 습관일 수 있기 때문이다. 이런 경우에는 서로가 마음만 맞으면 얼마든지 조율될 수 있다. 완전한 변화까지는 기대하기 어려워도 사랑하는 사람 앞에서만큼은 조심할 수 있다. 그렇다면 도대체 어떤 말투를 가진 사람을 조심해야 하는지 궁금할 것이다.

바로 말끝에 감정이 실려 있는 사람이다. 생각 없이 말을 막 하는 사람과 감정을 실어 말을 막 하는 사람은 엄연히 다른 경우다. 감정이 실린 막말은 대개 비꼬는 형태로 나오게 되며, 그 뒤에는 보이지 않는 그 사람의 자격지심과 열등감이 녹아 있다. 일명 가스라이팅을 일삼는 이들의 대표적인 특징이기도 하다. 취향에 따라 나쁜 남자, 나쁜 여자 스타일을 선호하는 사람들이 이런 말투를 가진 사람에게 강한 끌림을 느끼곤 하는데, 이는 명백히 속은 것이다.

말끝마다 감정을 실어 못되게 말하는 사람치고 정말 강한 사람은 극히 드물다. 대부분은 겁이 많고 자존감이 낮아 상대를 깎아내리려는 것뿐이지, 그런 사람은 나쁜 남자도, 나쁜 여자도 아니다. 특히 상담을 하다 보면 오히려 이런 말투를 가진 사람들이 누구보다 여리고 약하다는 걸 알 수 있다. 그런 사람과의 연애가 얼마나 행복할 수 있겠는가. 최소한 스트레스받지 않는 평온한 연애가 하고 싶다면, 필히 그의 말끝에 감정이 있는지를 확인해 봤으면 한다. 제아무리 사람마다 선호하는 취향이 다르다고 한들 이런 말투를 가진 사람과의 연애가 끝까지 행복한 경우를 나는 아직 한 번도 본 적이 없다.

사람을 꼭 재면서
만나야 하나요?

연애에 관한 영상을 만들다 보면 어쩔 수 없이 차갑고 현실적인 조언을 하게 될 때가 많다. 종종 따듯한 위로를 바라고 사연을 주신 분들께는 송구스럽지만, 우리의 연애가 가상은 아니기에 부정적인 상황에서는 현실적으로 조언할 수밖에 없다. 그래서 마음이 여리고 감수성이 짙은 사람들은 이따금 내 영상에 불편한 기색을 드러내곤 한다. 당연히 겸허하게 수용한다. 아직 많은 이를 만족시킬 만큼의 콘텐츠 소화력을 갖추지 못한 탓이다. 그리고 그럴 때마다 항상 하단에 달리는 댓글들이 있다.

[사람 그렇게 재는 거 아니다.]
[계산적으로 연애하는 거 아니다.]
[따지면 그건 사랑이 아니다.]

아름답고 숭고한 사랑에 감히 계산기를 두드리는 게 용납되지 않나 보다. 물론 이 견해도 이해는 한다. 그러나 마냥 수용하기는 어렵다. 하물며 옷 한 벌을 살 때도 이 옷 저 옷 살펴보며 현명한 소비를 위해 고심하는데, 왜 우리 삶에서 가장 중요한 부분을 차지하는 사랑에는 그러면 안 된다는 것인가.

"나는 아무 조건도 안 봐. 착하기만 하면 돼."

이런 말 역시 착해야 한다는 조건을 본 것이다. 성실하기만 하면 좋다는 말도 성실하다는 조건에서 기인한 것이 아닌가. 만나는 내내 재고 따지라는 게 아니다. 다만 만나기 전에라도 최소한의 검증은 해 보는 편이 좋다. 내가 원하는 조건을 얼마큼 갖췄는지, 내 모든 마음을 줘도 괜찮을 만큼 멋진 사람인지 말이다.

누군가에게는 이 과정이 차갑고 매정하게 느껴질지 모르겠지만 잴 수 있을 때 재야 만족도 높은 연애를 할 수 있다. 감정만으로 하는 연애는 감정이 흔들릴 때마다 관계도 흔들리지만, 이성적인 조건이 갖춰진 연애는 감정이 흔들린다는 이유만으로 관계 자체가 흔들리지 않는다. 감정적인 면에서 실망을 느껴도 어느새 이성적인 면이 부족한 부분을 다시 채워 주기 때문이다. 때로는 차가운 생각이 기반을 잡아야 그 위에 뜨거운 사랑도 쌓아 올릴 수 있는 것이다.

좋은 사람을 알아보는
가장 빠른 방법

모든 게 맞아떨어지는 완벽한 이상형은 머릿속에만 존재한다. 겉보기에 무결해 보일지라도 남들보다 장점이 많아 완벽해 보일 뿐이지, 모든 사람은 저마다 단점을 가지고 있다. 성격도 맞고, 성향도 비슷하고, 외모까지 마음에 쏙 드는 사람을 만나는 건 사실상 운의 영역이다. 아마 이 같은 기준을 하나하나 재고 따지면 여지없이 솔로 기간만 더 늘어나고 말 것이다.

"그럼 아무것도 재지 말고 일단 만나 보라는 거냐?"

큰일 날 소리다. 단순히 외로움에 취하거나 주변 등쌀에 못 이겨 연애를 시작하는 게 얼마나 큰 리스크를 가져오는지 알 사람을 다 알 테다. 그렇다면 이쯤에서 대략적으로라도 좋은 사람을 알아보는 방법을 소개하겠다. 바로 장단점의 개수를 나누는 것이다. 그리고 그중 장점이 단점보다 2배 이상 많다면, 그 사람은 좋은 사람일 확률이 높겠다.

물론 이 방법은 상황에 따라 얼마든지 계산이 달라질 수 있다. 장점이 그리 많지 않더라도 나에게 꼭 필요한 부분이 섞여 있다면, 적어도 나에게는 좋은 사람일 것이다. 여러 사례를 보며 좋은 사람을 찾기 위해서는 단점에 집중하기보다 장점에 집중하는 편이 훨씬 더 확률을 높여 준다는 것을 느낀다. 그러니 조금만 내려놓기를 바란다. 약간의 단점을 수용할 자신이 있다면 좋은 인연은 생각보다 가득할 테니.

말이 잘 통하는
사람

"나는 말이 잘 통하는 사람이 좋아."

이상형에 대한 주제로 대화를 나누면 항상 빠지지 않고 등장하는 조건이다. '말이 잘 통하는 사람', 과연 말이 잘 통한다는 것의 정의는 무엇일까? 서로 성격이 닮은 것? 공통의 관심사를 가지고 있는 것? 그도 아니면 두 사람의 지적 수준이 비슷한 것?

여러 의견이 있을 수 있겠지만, 나는 최소한 성격과 관심사, 지적 수준이 말을 잘 통하게 하는 본질은 아니라고 생각한다. 성격과 관심사가 정반대여도 잘만 만나는 커플이 우리 주변에도 얼마나 많이 있는가. 그렇다면 진정으로 말이 잘 통하는 사람의 정의는 무엇일까? 이는 상대의 말을 인정할 준비가 되어 있느냐에 따라 달라진다고 본다.

유난히 말이 안 통하는 사람과의 대화를 살펴보면 상대의 말을 쉽게 인정하지 않으려는 경향이 강하다. 주로 자존심이 발동할 때 나타나는 특징인데, 심할 경우 상대를 깎아내려서라도 자신의 주장을 밀어붙인다. 결국 즐겁자고 시작한 대화가 치열한 토론이 되어 버리고 만다. 우리는 이런 사람을 '말이 안 통하는 사람'이라고 한다.

반면 누구를 만나도 말이 잘 통하는 사람이 있다. 이들은 공통된 직업이나 관심사를 갖고 있지 않아도 끊임없이 상대의 말에 집중하고, 설령 상대가 나와 다른 가치관을 드러낸다 해도 이해하고 받아들인다. 그래서 말을 하는 반대편에서도 편안하게 자신의 말을 하고, 자유롭게 의견을 물을 수 있다. 우리는 이런 사람을 '말이 잘 통하는 사람'이라고 한다.

대화에서 관심사와 성향은 크게 중요하지 않다. 단지 상대의 말을 가만히 들을 줄 알고 인정할 부분이 있다면 인정해 주는 것이야말로 대화의 핵심이자 자존감 높아 보이는 비결이다. 만약 오늘 처음 보는 사람과 이야기를 나눌 기회가 생긴다면 대화의 소재만 고민하지 말고 그 사람의 말을 인정해 주는 데에 더 집중해 보길 바란다. 상대는 당신을 말이 잘 통하는 사람이라 생각하며 더욱더 호감을 느낄 것이다.

21세기 최고의 핑계
"주변에 만날 사람이 없어"

당신 주변에도 늘 외롭다는 말을 달고 사는 친구가 한둘은 있지 않을까. 특히 요즘처럼 기념일과 각종 행사가 몰려 있는 시즌이라면 더하겠다. 자칭 연애 방학 중이라는 친구들이 너 나 할 것 없이 저마다의 푸념을 늘어놓기 때문이다. 그러나 이런 친구들의 행동을 유심히 들여다보면 조금 이상한 구석이 있는데, 바로 다른 연인들의 SNS 사진에는 그렇게 부러움을 표하면서 정작 본인들은 연애를 위해 어떠한 노력도 하지 않는다는 것이다.

그저 하늘이 점지해 주는 운명을 기다리는 것이 능사는 아니다. 좋은 이성을 만나기 위해서는 좋은 사람이 있는 곳으로 눈을 돌리고, 때로는 발품도 파는 매우 신중한 작업이 필요하다. 어디 공짜로 운명 같은 사랑을 꿈꾸는가.

연애를 쉬고 있는 이유를 대자면 수백 가지가 넘는다. '아직 여유가 없어서.', '주변에 여자가 없어서.', '회사에 남자가 없어서.' 등등 서로 교류할 수 있는 장치가 발달하지 않고 사람을 만나는 루트가 한정적이었던 20세기라면 모를까, 지금 우리가 사는 21세기에서 그런 변명은 통하지 않는다.

인터넷에 검색만 해도 취미를 기반으로 만나서 활동하는 모임이 넘쳐 난다. 앱을 통해 실시간으로 사람을 소개받을 수도 있다. 내가 이런 이야기를 하면 그런 곳에는 이상한 사람밖에 없지 않냐고 물어보는데, 대부분 이런 루트를 이용해 본 적 없는 이들이 하는 말이다. 물론 누구라도 조건 없이 가입하고 활동할 수 있는 곳이라면 위험성이 있다. 그러나 유료 이용 혹은 주최 측의 기준으로 선별해서 운영하는 곳은 보다 믿을 수 있다.

무조건 인위적인 만남이 최고라는 뜻은 아니다. 다만 정말 잘 맞는 사람을 만나 행복하게 사랑하기를 꿈꾼다면 나도 행복할 만큼의 노력을 해야 한다. 어느 날 잠에서 깨고 보니 백마 탄 왕자님이 데리러 왔다든지, 숲속에서 아름다운 공주님을 만난다든지 하는 구시대적 이야기는 막을 내린 지 오래다. 그토록 원하는 운명적 사랑도 결국 내가 움직이는 방향으로 흘러가는 것뿐이다.

사랑하면
알게 되는 것들

이제 막 연인이 된 사람들은 서로에게 참 궁금한 점이 많다. 과거 연애사, 좋아하는 취미, 싫어하는 행동…. 그중에서도 가장 많은 연인이 궁금해하는 부분을 꼽는다면, 단연 이 사람의 본모습일 것이다. '아직 내가 모르는 그의 성격이 있는 게 아닐까?', '알고 봤더니 나랑 안 맞는 사람이면 어쩌지?' 등 여러 생각이 들 수 있는데, 이는 지극히 당연한 고민이다. 더욱이 초반부에 마음이 클수록 더 불안해지는 부분이기도 하다.

그래도 이 부분에 대해 너무 크게 고민할 필요는 없다고 본다. 머지않아 알게 되기 때문이다. 특히 성격과 관련된 부분은 아무리 숨기려 해도 평소의 언행, 직업과 일을 대하는 방식에서 자연스럽게 드러날 때가 많다. 혹시 조금이라도 더 일찍 그의 본모습이 알고 싶다면, 살면서 가장 힘들었던 순간과 그 시기를 어떻게 지나왔는지 물어보아라. 대부분 문제를 해결하는 과정에서 인격이 보이기 마련이다. 또 이와 같은 질문의 최대 장점은 대화를 나누면서 자연스럽게 그의 가치관도 확인해 볼 수 있기에 현재 연애 초반에 진입한 커플이라면 꼭 한 번쯤은 진지하게 이야기해 보기를 추천한다.

반대로 절대 추천하지 않는 방법도 있다. 바로 극한의 상황을 배경으로 설정하여 억지로 상대를 그 안에 밀어 넣고 테스트하는 것이다. 간혹 그 사람의 진짜 모습이 궁금하다는 이유로 가만히 있는 상대를 건드려 일부러 화나게 하고 당황하게 만드는 경우가 있다. 그러면서 누가 봐도 기분 나쁜 상황에 놓여 날 선 모습을 그의 본모습이라고 착각한다. 단언컨대 이와 같은 억지 테스트에서 보여지는 즉흥적인 모습은 그 사람의 전부가 아니며, 만에 하나 이 상황이 의도된 테스트라는 걸 상대가 알기라도 한다면 실망을 넘어 정이 떨어지고 말 것이다.

시간이 지나면 어차피 알게 될 것들에 굳이 승부를 걸지 않기를 바란다. 지금껏 당신이 쌓아 온 모든 신뢰가 한순간에 무너질 수 있는 위험한 게임이기 때문이다.

함부로 진도를 나가면 안 되는
다소 현실적인 이유

연애 초반에 나가는 잠자리는 늘 조심해야 한다. 이 당연한 사실을 모르는 사람은 없을 것이다. 그런데 주변을 보면 하나같이 잠자리를 조심하라고는 하면서 왜 조심해야 하는지 구체적으로 아는 사람도, 설명해 줄 사람도 없는 것 같다. 이번 장에서는 잠자리에 대해 우리가 잘못 알고 있는 사실과 성급한 진도가 반드시 연애에 악영향만 미치는지에 대한 다소 현실적인 이야기를 해 보겠다.

먼저 연애 초반에 갖는 잠자리는 정말 상대의 마음을 식게 할까? 결론부터 말하면 반은 맞고, 반은 틀린 소리이다. 사귀기 전부터 진도를 다 나가고도 잘 만나는 커플이 얼마나 많이 있는가. 특히 요즘에는 '자만추'의 의미가 새로 쓰이고 있어 더욱이 타당성이 떨어지는 듯 보인다. (자연스러운 만남 추구라는 뜻의 자만추가 MZ 세대 사이에서는 자고 만남을 추

구한다는 의미로 유행처럼 쓰인다.)

연애를 분석하다 보면 남녀의 잠자리는 마음을 식게 하는 역할보다는 오히려 마음을 끓게 하는 역할일 때가 더 많이 보인다. 그럼에도 우리가 잠자리에 경각심을 가져야 하는 이유는 잠자리 전에 상대가 보이는 마음에 따라 후의 상황이 달라지기 때문이다.

쉽게 말해 잠자리 전부터 상대가 내 가치를 높게 바라보고, 사랑을 충분히 느끼게 해 준다면 잠자리는 열정에 더욱 불을 지피는 역할을 한다. 단, 잠자리 전부터 상대가 나에 대한 마음을 확실히 보여 주지 않고, 나 역시 상대에게 확실한 사랑을 느끼지 못한 상태라면 이야기가 달라진다. 그런 상태로 잠자리를 가진다면 마음의 불이 쉽게 꺼지고 말 테니까.

연인으로서 공유할 수 있는 최고의 행복을 별다른 노력 없이 공유했기에 이런 일이 생긴다. 마음의 갈피를 잡지 못한 상태에서 강한 자극이 들어오니, 상대도 이 연애에 있어 더 이상의 행복은 없을 거라 섣불리 착각하게 되는 것이다. 물론 이후의 노력 여하에 따라 서로 깊은 사랑에 빠질 수도 있지만, 그 과정이 마냥 순탄하리라고는 장담하기 어렵다.

어딘지 모르게 자꾸만 불안하고, 신경 쓰이고…. 이렇게 파생된 불안은 수많은 마찰을 만들 테고, 결국 관계의 끈도 서서히 얇아져 갈 것이다. 물론 선택은 오롯이 당신의 몫이지만, 내가 당신의 친오빠 또는 친형이라면 반드시 이렇게 조언해 줄 것이다.

"연애 초반에 아무리 좋아도 확실한 마음이 느껴지지 않으면 천천히 가야 해. 그래야 후회가 없어."

사공이 많으면
연애도 산으로 간다

연애를 하다 보면 간혹 혼자서 판단이 서지 않을 때가 있다. 이럴 때는 다른 사람의 의견을 들어 보는 것도 문제를 해결하는 하나의 방법이다. 미처 생각지도 못했던 곳에서 상대를 이해하게 될 때가 있기 때문이다. 그러나 다른 사람의 의견을 참고는 하되 결코 휘둘리거나 맹신해서는 안 된다.

예상치 못한 부분에서 상대를 의심하게 되는 순간이 있다. 상담을 하다 보면 유난히 연애가 순탄하지 않은 사람을 만나기도 한다. 외적으로나 내적으로도 전혀 문제가 없어 보이는데 도대체 왜 이렇게 연애가 풀리지 않는 건지 의문이 들었다. 하지만 이야기를 들어 보니, 결정적인 순간마다 불안에 이기지 못해 주변인들의 잘못된 솔루션을 따른 경우가 많았다. 오랜 시간 수많은 이들의 사연을 듣고 분석해 왔던 입장에서 보자면, 관계에 있어 내공이 깊은 사람이 아니고서야 타인의 조언은 적당히 걸러 듣는 걸 추천한다. 특히 연애에 대한 조언은 더욱이.

연인 간의 사소한 갈등이나 작은 문제라면 부담 없이 지인들의 의견을 참고해도 좋다. 단, 서로의 관계에 지대한 영향을 주는 결정 앞에서는 부디 친구가 아닌 자신을 믿었으면 좋겠다. 그러는 편이 어설픈 친구의 조언보다 열 배는 효과적이다. 제아무리 연애의 정점을 찍은 고수에게 상담을 받는다 하더라도, 이 관계에 들어가 본 사람은 오직 당신뿐임을 잊지 마라. 힘들수록 자신감을 갖고 자신을 믿었으면 한다. 맺고 끊음의 무게는 온전히 내가 감당해야 할 몫이고, 결국 그에 대한 책임을 지면서도 흔들리지 않는 사람이 진정으로 성숙한 사람이다.

그 사람이 나보다
높아 보인다는 착각

"저한테 너무 과분한 사람을 만나서…."

"너무 차이가 나서 기가 죽어요."

"그 사람은 맘만 먹으면 저보다 훨씬 괜찮은 사람을 만날 수 있겠죠?"

흔히 자존감이 낮거나 자신을 지나치게 과소평가하는 사람들이 하는 착각이다. 물론 남녀가 만나다 보면 서로 차이가 날 수는 있다. 상대의 커리어가 나보다 압도적으로 화려하거나 상대의 외모가 나보다 확연히 좋은 경우가 그럴 것이다.

그러나 모두가 간과하는 사실이 하나 있다. 가볍게 알고 지내는 사이라면 몰라도, 서로가 서로의 관계적 책임을 지고 고백이 오고 간 연인이라면 두 사람은 비슷한 사람이다. 애초에 두 사람의 차이가 생각처럼 크게 벌어져 있었다면 연애는 시작되지도 않았을 테니까.

'유유상종'이라는 말이 괜히 있는 게 아니다. 나비는 나비끼리, 벌은 벌끼리 이어진다. 결코 자존감 낮은 이들에게 용기를 주고자 입에 발린 소리를 하는 것이 아니다.

그럼에도 누군가는 재력이나 외모처럼 당장 눈에 보이는 차이만을 따지며 내가 하는 말을 믿지 않을지도 모르겠다. 그러나 사람의 가치는 재력과 외모뿐만이 아닌 그 사람의 지능, 언어 능력, 배경, 성격, 사회성 등이 합쳐 결정되는 것이다. 다시 말해 나의 어떤 면이 상대에 비해 크게 떨어진다면, 나의 어떤 면은 상대보다 월등히 좋다는 뜻이다. 두 사람이 서로에게 끌리는 데에는 이유가 있다.

나의 가치를 함부로 평가해서는 안 된다. 나도 모르는 무언가가 그토록 높아 보이는 상대를 지금까지 잡아끌고 있는 것이다. 마찬가지로 당신도 상대의 가치를 함부로 여겨서는 안 된다. 설사 내가 더 아깝다고 생각할지언정 나에게 없는 무언가가 상대를 더 매력적으로 보이게 해 주는 것일지도 모르니까.

서늘하게 지적하고
아낌없이 보상하라

육아에 있어 보상과 벌의 개념은 아이의 인격을 만드는 데 중요한 역할을 한다. 육아 프로그램에 큰 관심은 없지만, 연애 콘텐츠를 만드는 사람으로서 중간중간 육아 관련 방송이 나오면 못해도 30분은 꼭 시청한다. 육아와 연애가 많이 닮아 있기 때문이다. 요컨대 아이를 훌륭한 사회 구성원으로 키우는 부모들을 보면 두드러지게 나타나는 공통점이 있다. 바로 아이가 잘못하면 무섭게 혼내고, 잘하면 천사 같이 사랑해 준다. 보상과 벌의 개념이 확실한 것이다.

연애만 하면 항상 차인다는 사람들의 가장 큰 문제점 중 하나는 이 같은 보상과 벌에 대한 경계가 모호하다. 무조건 참고 알아주는 것이, 또 무조건 따지고 싸우는 것이 완벽한 정답은 아니다. 상대가 확실한 잘못을 해서 비난받을 명분이 있다면 결코 그냥 넘어가서는 안 된다. 만약 당신에게 상대가 실수를 저질러도 신경 쓰지 않을 정도의 높은 자존감과 아량이 있다면 언제든 받아 줘도 좋다. 그건 나조차 진심으로 부러운 정신력이다.

그러나 당신에게 그만한 배려심과 아량이 없다면 부디 참지 않길 바란다. 서로의 감정이 다소간 상하더라도 혼자 속앓이하며 전전긍긍하는 것보다는 100배 낫다. 단, 벌의 요지는 화를 내는 게 아니라 지적하고 실망했다는 평가를 내리는 것이다. 여기에 너무 감정을 드러내면 명분이 있어도 상대가 반발심에 달려들 수 있다. 어느 정도 나의 감정이 누그러졌다고 느껴지는 시기까지 참다가 덤덤해지면 그때 거침없이, 그러나 서늘하게 발언하는 것이다.

상대가 당장 그 앞에서 인정하려 하지 않아도 조급하게 생각할 필요 없다. 이미 싸늘해진 당신의 평가에 충격을 받고 이와 같은 행동이 당신의 기분을 상하게 한다는 사실을 인지하게 되었으니. 이후로는 아마 조금씩 눈치를 보게 될 것이다. 이것이 벌이다. 그리고 어느 날, 상대가 그 일과 관련해 노력하거나 변화한 모습을 보인다면 평소보다 두 배로 보상해 주면 된다. 마음껏 칭찬하고 인정하고 표현해 주는 것, 이것이 보상이다.

어제까지는 채찍질을 하다가 돌연 당근을 주면 자칫 이상해 보일 수도 있겠다. 하지만 선만 지켜 주면 언제나 긍정 모드가 된다는 걸 알려 주었으니 괜찮다. 연애를 할 때 벌을 내려야 할 상황에서도 흐지부지, 칭찬해야 할 상황에서도 흐지부지하는 것이야말로 세상에서 제일 바보 같은 사랑법이다.

그러니 상대에게 더욱더 나의 가치를 높이고, 나아가 주도권까지 노려 보고 싶다면 보상과 벌의 경계를 분명히 해야 한다. 당장은 불편하고 힘들어도 멀리 보면 오히려 두 사람의 관계를 성장시키는 훌륭한 조율점이 된다. 잘못은 서늘하게 지적하고, 잘한 일에는 아낌없이 보상하는 것. 결국 연애의 완성은 이 완급 조절을 할 수 있느냐 없느냐에 달린 듯하다.

싸울 때는
확실히 이겨야 한다

한번 싸움이 붙으면 끝까지 가야 하는 커플이 있다. 얼핏 보면 해결점을 찾지 못해 싸우는 것 같지만, 원인은 다른 곳에 있다. 고로 다툼이 길어지면 더 이상 해결점을 찾기 위한 싸움이 아니게 되며, 그저 서로 자존심을 지키기 위해 열심히 방어하고 공격하는 행위에 지나지 않는다.

인정하는 순간 자존심이 상할 테니 상대의 어떠한 것도 받아들이려 하지 않게 되고, 당연히 싸움은 끝나지 않는다. 과연 이러한 싸움이 두 사람에게 어떤 도움이 될까? 마찰도 연인 간에는 조율이라고 하지만, 많이 싸울수록 잘 조율되는 게 맞을까? 놀랍게도 전혀 그렇지 않다. 마찰이 조율되는 경우는 두 사람 모두 적정선에서 화해하고, 마땅한 협의점을 찾았을 때 이루어진다. 서로의 마음속에 상처를 남기고 어영부영 넘겨 버리는 싸움에서 얻을 수 있는 건 아무것도 없다.

싸움도 어느 정도 속에 있는 말을 쏟아 내고 상대의 의사도 알게 되었으면 끝낼 줄 알아야 한다. 물론 한번 불이 붙은 논쟁을 곧바로 끝내는 게 쉽지는 않겠으나 하나의 원리를 알면 생각보다 쉽게 상대를 물러나게 할 수 있다. 바로 물음표가 아닌 마침표로 대화하는 것이다. 대부분의 큰 싸움은 물음표 때문인 경우가 상당히 많다. 따라서 말끝만 수정해도 내용 전달이 확실해지고 말꼬리가 짧아진다.

넌 왜 이런 생각은 안 해?
→ 넌 이렇게 생각한 것 같아.
내가 몇 번을 말해?
→ 난 분명히 3번 말했어.
너 원래 이런 사람이었니?
→ 지금 보여 준 행동이 네 진심이라면 조금 실망이네.

다소 딱딱해 보이지만 실전에서는 의외로 덤덤한 느낌을 주어 감정을 숨길 수 있다. 이때 마침표 화법 안에 나름대로 수집해 온 그간의 팩트가 있다면 함께 이야기하는 편이 좋다. 처음에는 반발하더라도 점점 무게 추가 당신에게 쏠리는 것을 느낄 수 있을 것이다. 만약 상대가 너무 심하게 자존심을 부린다면 마침표 화법 전에 당신의 잘못을 하나 인정하고 들어가면 된다. 사과하면서 경계심을 풀게 만드는 전략이다.

　이쯤 되면 누군가는 이렇게 말할지도 모르겠다.
　"굳이 연인 사이에 이렇게까지 계산하면서 싸워야 해?"
　만약 당신이 지더라도 아무 상관 없다면 확실히 물러나 주고 끝내는 편이 좋다. 그러나 그게 안 된다면 싸울 때는 확실히 싸워 이기는 편이 낫다. 조금 더 너그러운 당신이 승자가 되어 화해의 손길을 건네면 된다. 아마 싸움은 생각보다 빨리 끝날 테니까.

연애 잘하는 사람들은
과연 여우일까

우리는 흔히 연애 스타일을 비유할 때 곰과 여우를 떠올린다. 곰 같은 스타일은 우유부단하고 착해서 늘 상처를 받는다. 반면에 여우 같은 스타일은 눈치가 빠르고 계산적이라 늘 상대보다 먼저 우위를 점하고 주도권을 쥔다.

그럼 진정한 연애 고수는 여우일까? 꼭 그런 것만은 아니다. 늘 저런 식의 연애 스타일을 고집하는 여우들은 대부분 자신이 고수라 생각하겠지만, 그저 중수에 머무를 뿐이다. 진정한 고수의 반열에 오른 여우는 변신술까지 가능하다. 그들은 평소에는 여우로 지내다가도 정말 사랑하는 사람을 만나 흠뻑 감성에 취하고 싶을 땐 곰으로 변신한다. 그 사람 외에는 아무것도 보이지 않고 오롯이 사랑이 주는 멜로 감성을 맘껏 즐기는 것이다. 그러다 상대가 나를 함부로 대하거나 트러블이 생기면 언제 그랬냐는 듯 다시 여우가 된다.

이것이 진짜 고수와 가짜 고수의 차이다. 이성과 감성의 변화를 자유자재로 컨트롤할 수 있기에 고수는 늘 행복한 사랑을 쟁취하면서도 상처는 받지 않는다. 그러니 한 번씩은 서운할 만큼 냉정해져 보자. 그러다 사랑에 취하고 싶을 땐 다시 바보처럼 달리면 된다. 처음에는 어지러울 수 있지만, 점점 이러한 온도 차에 적응하다 보면 어느새 당신도 재야의 고수가 되어 있으리라 장담한다.

나를 떠난 상대를
후회하게 만드는 법

'한때 나를 뜨겁게 사랑해 주던 사람이 갑자기 변한 이유는 뭘까?'

'어디서부터 어떻게 잘못되었길래 지금의 상황이 된 걸까?'

'어떻게 사랑이 변할 수 있을까?'

이별을 맞이한 사람에게는 당장의 결별보다 그의 마음이 변했다는 사실 자체가 더 받아들이기 힘들 것이다. 그래서인지 이별과 관련된 콘텐츠를 만들 때마다 유난히 댓글 창이 요란해진다. '나 없이는 못 산다고 하더니….', '절대 변하지 않겠다고 맹세하더니….' 등 영상을 올린 지 얼마 되지도 않아 가슴 절절한 댓글이 순식간에 하단을 메운다.

그들의 사연을 가만히 보고 있으면 참 가슴이 아프고 슬프다. 그러나 늘 연애의 전반적인 흐름을 살피고 공부하는 나로서는 마음이 변한다는 게 그리 대수롭지 않게 여겨진다.

마음은 언제, 어떻게든 변할 수 있다. 또 상대의 마음이 변하는 것처럼 언젠가는 우리의 마음도 변할 수 있다.

그렇다면 과연 사람의 마음은 언제 변하고, 어떤 상황에서 식게 될까? 이는 서로가 처음 만났던 과정을 생각하면 쉽게 이해할 수 있다. 누구나 그렇듯 연애 온도가 가장 뜨거운 시기는 단연 초반이다. 뭐든 다 주고 싶고, 하루하루가 아쉽고, 매일 보고 싶은 그 느낌. 서로가 서로의 장점에 이끌려 사랑에 빠지면 가장 먼저 나타나는 반응이다.

그러다 어느 순간 서서히 상대에게서 초반의 모습이 희미해질 때가 온다. 그로 인해 나의 마음은 전처럼 뜨거워지지 않게 되고, 상대는 서운함을 토로하기 시작한다. 그 상태로 시간이 흐르면 대체 왜 마음이 변했느냐고, 다시 돌아오라고, 다시 날 사랑하라고 강요하기에 이른다. 결국 나의 마음은 점점 이별을 그리게 된다. 이것이 마음이 식게 되는 전반적인 과정이다. 조금씩 가치를 잃어 가는 내 모습에서부터 시작되어 마음이 식는 것이다.

이때 재미있는 것은 이별한 후에 다시 내 가치를 되찾고 연애 초 때의 모습을 보이면 상대도 그제야 후회하며 다가온다는 점이다. 그러니 상대의 마음이 변해 가는 게 느껴진다면 하루하루 조급한 마음으로 보챌 게 아니라 시간을 두고 연애 초반 당시의 나를 떠올려 보길 바란다. 그리고 이별하더라도 상대를 보다 후회하게 만들고 싶다면 초반의 나를 되찾는 걸 넘어 더 성장하고 더 화려해진 모습을 보여라. 어느새 질렸던 감정은 서서히 그리움이 되어 갈 것이다. 재회를 권하지는 않지만, 재회의 핵심은 기회를 달라며 무턱대고 매달리는 것이 아니라 다시 만나지 않으면 못 견딜 만큼 상대를 후회하게 만드는 것이다.

섣불리
매달리지 마

이별에는 여러 가지 이유가 있지만, 그 이유들을 대분류로 나누면 두 가지 질문이 나온다.

'그가 당신의 행동 때문에 떠난 것인가, 아니면 당신에 대한 마음이 식어서 떠난 것인가.'

얼핏 보기에는 그게 그거 아닌가 싶겠지만, 둘 다 엄연히 다른 성질을 띤다. 만약 그 사람이 당신의 행동에 실망하여 떠난 거라면 매우 높은 확률로 평소 두 사람 사이에 그 문제로 인한 트러블이 있었을 것이다. 만약 당신이 그와 재회하고 싶다면 공백을 두고 문제 된 행동을 고쳐야 한다.

그러나 평소 트러블이 전혀 없었는데 돌연 이별 이야기가 나온 상황이라면 그저 마음이 식었을 확률이 높다. 이 같은 상황에서는 딱히 내가 고쳐야 할 건 없지만, 적어도 당신에 대한 감정이 다시 살아날 수 있도록 공백을 두어야 한다.

쉽게 말해 결별의 이유가 행동이었든, 마음 때문이었든 간에 이별에는 시간이 필요하다는 것이다. 재회를 바란다면 나에 대한 부정적인 기억이 사라지고 좋았던 시절이 아련히 떠오를 때까지 상대에게 시간을 주는 마음가짐이 필요하다.

그런데 의외로 많은 사람이 이 공백기를 무시한다. 당장 눈앞에 닥친 이별을 받아들일 준비가 안 되어 있기 때문이다. 그러다 보니 가뜩이나 나에 대한 마음이 사라져 이별을 결심한 사람에게 다시 나를 사랑하라고, 한 번 더 기회를 달라고 떼를 쓰는 실수를 하게 된다. 마음은 충분히 이해하나 결과적으로 이런 행동은 오히려 상대를 더 편하게 만들어 줄 뿐이다. 마지막까지 좋은 모습을 보여 주지 못한 당신을 보며 이별을 잘한 결심이라고 생각할 테니 말이다.

구체적인 이별 원인이 있었다면 시간의 여유를 두고 반드시 그 문제를 고쳐야 한다. 그리고 어느 정도 개선됐다면 이후 프로필 사진이나 SNS를 이용해 간접적으로 티 내며 당신이 더 나은 사람이 되었다는 걸 알려 줘야 한다. 그저 마음이 식은 경우라면 좋았던 감정이 다시 살아날 때까지 시간을 두고 잘 사는 모습을 보이면 된다. 그리고 정말 잘 살아가야 한다. 안 해 본 것에 도전해 보기도 하고, 그간 연애하느라 챙기

지 못했던 가족과 친구들을 만나며 새로운 설렘도 느껴 봐야
한다.

상대는 당신의 그런 모습을 보며 분명 흔들릴 테지만 그때
가 되면 당신은 놀랍게도 그날처럼 아프지도, 그리워하지도
않게 될 것이다. 당장의 아픔을 받아들이고 싶지는 않겠지만
매달리고 애원하는 것이 결코 현명한 방법은 아니다. 아무리
오랜 세월이 지나 트렌드가 변해도 이별의 룰은 바뀌지 않을
진리라고 생각한다.

간절함의
함정

누군가에 대한 마음의 크기는 내가 그 사람을 얼마나 많이 생각하는가에 따라 결정된다. 당연히 마음이 커지면 생각도 많아지는 게 아닌가 의문이 들겠지만, 모든 경우가 다 그런 건 아니다. 반드시 좋아하는 감정이 있어야만 생각하는 건 아니기 때문이다. 상대가 예상 밖의 행동을 하거나 의문점이 생길 때도 우리는 그 사람에 대해 생각하게 된다. 그리고 이와 같은 생각의 투자는 간혹 잘못된 간절함을 갖게 만든다. 내가 상대를 생각하는 만큼 그 사람을 절실하게 좋아한다고 착각하는 잘못 말이다.

짝사랑이나 재회를 원한다는 사람의 사연을 읽다 보면 종종 이상한 기분이 들 때가 있다. '갑자기?'라는 어색한 물음을 던지게 하는 사연의 경우가 그렇다. 원래는 그리 큰 관심도 없었던 상대에게 연락이 오지 않거나 자신을 밀어내는 행동에서 생각 투자가 시작된 것이다. 하지만 그런 어리숙한 생각은 결국 쓸데없는 간절함을 불러와 본래 감정을 속이고 만다.

자기 자신은 본인이 제일 잘 안다지만, 어쩌면 내가 나를 제일 모를 수도 있겠다. 만약 근래에 가슴이 피폐해질 정도로 깊은 사랑에 빠져 있다면 당신도 한번은 의심해 보기를 바란다. 지금 내가 느끼는 이 감정이 스스로를 작아지게 만드는 함정일 수도 있다. 어쩌면 그토록 간절히 사랑하는 사람보다 혹은 그토록 재회를 꿈꾸는 사람보다 당신이 더 나은 사람일지도 모른다.

이별한 다음 날
눈 똑바로 뜨고 아파하라

헤어짐을 받아들이는 과정에서 가장 가슴이 찢어지는 순간은 이별한 다음 날이라고 생각한다. 아직 현실감이 없어 나도 모르게 일어났다는 연락을 해야 할 것만 같아서. 당장에라도 전화를 걸면 아무 일 없었다는 듯 약속을 잡을 수 있을 것만 같아서. 어제는 내가 예민했다고, 미안하다고. 그래도 가장 사랑하는 사람은 너라며 애교스러운 말을 하고 싶지만 이미 그는 떠났다.

아침에 내 몸이 천천히 감각을 되찾는 것처럼 상처도 서서히 모습을 드러낸다. 당연히 쓸쓸하고 낯설 것이다. 그럼에도 부디 두 눈 똑바로 뜨고 현실을 봐야 한다. 일시적인 두려움과 외로움에 못 이겨 섣불리 연락하고 매달리는 짓은 오히려 떠난 상대를 완전히 밀어 버리는 행동이다. 감정적인 모습을 보일수록 그 사람은 헤어지길 잘했다고 생각한다는 걸

명심하라. 대부분의 이별에는 시간이 필요하다. 서로에 대한 부정적인 기억이 사라지고 자신의 문제를 곱씹어보다 어느 날 문득 서로가 그리워지기까지의 과정은 삽시간에 이루어지는 것이 아니다.

그런데 아직 그런 시간이 지나지 않은 상황에서 진심을 보인다 한들 무슨 소용이 있겠는가. 이별하고 충분한 공백기 없이 태도를 바꿔 상대를 붙잡는 것은 결코 좋은 결과를 불러올 수 없다. 냉정하게 말해 아무리 내가 달라졌다고 설득해도 상대에게는 그저 헤어지기 싫으니 이제 와서 말을 바꾸는 것처럼 보일 수 있다.

그 사람과의 재회를 바라든 바라지 않든, 이별했다면 두 눈 똑바로 뜨고 아픔을 감내해야 한다. 지금 들이닥치는 이 통증이야말로 나의 내공을 넓히는 최고의 성장통이다. 아이가 넘어지며 걸음마를 배우듯, 사랑도 부딪히고 깨지면서 하나씩 배워 가는 거라고 생각한다. 당장의 고통이 두려워 금세 그 자리를 다른 사람으로 메워 버리는 성급한 결정은 하지 않았으면 한다. 분명한 설렘과 믿음을 주는 사람이 아니라면 급하게 만날 필요가 없다. 사랑은 상처를 받으며 성장하는 구조를 가졌는데, 그 상처를 바로 다른 사람으로 막아 버리면

나 역시 성장할 기회를 잃는다. 같은 문제는 반드시 다음 사랑에서도 반복된다.

　이별했다면 이제 남은 건 성장과 발전이다. 부디 이 소중한 기회를 아프기 싫다며 흐지부지 날리지 않길 바란다. 떠난 이도 남겨진 이의 단호한 모습에 흔들려 다시 관심을 보이는 경우가 흔하다. 이별한 다음 날, 가슴에는 푸르스름한 멍이 새겨지겠지만 부디 견뎌 내길 바란다. 더욱더 나은 사람이 되었으면 한다. 마음껏 아파해도 좋으니, 두 눈 똑바로 뜨고 아파하기를. 더 이상 상처 따위에 도망치지 않도록.

고맙다
나를 스쳐 간 모든 사람아

에세이를 쓰는 일은 참 재밌다. 그래서 글을 적기 위해 글 감을 고민하다 보면 자연스레 옛날 일이 주마등처럼 스쳐 지나가는데, 그럴 때마다 마치 오래된 상자 안에 있던 장난감을 꺼내 보는 기분이 든다. 한때는 혹여라도 망가질까 애지중지했던 소중한 물건이 언제 이렇게 먼지가 쌓이고 빛바랬는지. 흘러간 에피소드를 떠올릴 때마다 그 유치함에 피식피식 웃음이 난다.

세상에서 제일 똑똑한 척, 제일 강한 척, 제일 쿨한 척. 하지만 정작 그 속은 허점에 허세투성이. 자존심 하나로 살았던 어리숙한 시절의 내가 보인다. 참 신기한 건 그때도 이렇게 모자란 나를 사랑해 주는 사람들이 있었다는 사실이다. 사랑할 줄도, 받을 줄도 몰랐던 나를 뜨겁게 사랑해 줬던 사람들이.

솔직히 고백하자면 세상 모든 일이 내 뜻대로 되지 않듯, 사랑의 마지막도 항상 아름답지만은 않았다. 어린 마음에 철없는 소리를 하고 상처를 주기도 하며, 부끄럽지만 그 사람이 꼭 불행해졌으면 좋겠다고 생각한 적도 있다. 그러나 지금은 그 모든 사람에게 고마운 마음뿐이다. 그들이 있었기에 사랑을 배웠고, 그들이 있었기에 상처도 배웠다. 결국 모든 경험은 나의 자양분이 되었고, 덕분에 지금 내 옆에 있는 사람을 더 행복하게 해 줄 수 있게 되었다.

그때의 감정은 오래전에 사라져 이제는 가물거리는 추억이 되었으나 진심으로 그들이 행복하기를 바란다. 그대들이 있었기에 지금의 내가 있다. 이 넓은 땅에서 다시 마주칠 일이 있을지는 모르겠지만, 혹시라도 다시 맞닥뜨리게 된다면 그때는 원망의 눈초리가 아닌 편안한 눈인사로 안부를 묻고 싶다. 어디서든 항상 잘 지내기를 바란다. 고맙다, 나를 스쳐 간 모든 사람아.

Part 4

나는 이제
혼자가 두렵지 않아

성장은
혼자 있는 시간에 찾아온다

요즘에는 언제 어디서든 휴대폰을 붙잡고 사는 게 일상이 되어 버렸다. 우리의 인생에 없어서는 안 될 당연한 존재로 자리매김한 것이다. 하지만 그만큼 휴대폰에 너무 많은 시간을 할애하는 것 같아 이따금 멀어지려고 시도한 적이 있었다. 전원도 꺼 보고 아예 SNS를 지우기도 하며 별 방법을 다 써 봤지만, 휴대폰으로부터 독립하기란 생각보다 쉽지 않았다.

그러던 어느 날, 휴대폰과 나 사이에 권태기를 만들어 준 특별한 사건이 벌어졌다. 그날은 미팅 시간이 촉박해 과감히 차를 포기하고 전철에 올라탔다. 그런데 너무 급하게 나온 나머지, 미처 휴대폰을 챙기지 못한 채 출발해 버렸고, 시간상 사무실에 다시 들르는 건 절대 불가능했다. 그나마 약속 시각과 장소는 정해져 있기에 사람을 만나는 데에는 무리가 없었지만 미친 듯이 불안해지기 시작했다. 이동 중에 휴대폰을 쓰지 않았던 적은 단 한 번도 없었기 때문이다.

초조했다. '갑자기 급한 전화가 오면 어떡하지?', '택배 배송 요청 사항에 도착하면 전화해 달라고 적어 놨는데 나 때문에 엄한 기사님이 애타고 계시는 건 아니겠지?', '갑자기 주차장 공사를 해야 해서 차를 빼야 하는 상황이 오면 어떡하지?' 등 끝도 없는 망상이 나를 공격하기 시작했다. 겨우 휴대폰 하나만 없을 뿐인데 텅 빈 곳에 홀로 남겨진 기분이었다.

하지만 불안했던 시간도 잠시, 역시 인간은 적응의 동물인가 싶다. 전철에 앉은 지 30분 정도 지났을까. 차츰 마음에 불이 꺼져 가는 기분이 들었다. 이어서 멍하니 창문을 바라보는데 그동안 미뤄 두기만 했던 원고의 소재가 떠올라 머릿속에서 새로운 콘텐츠가 기획되기 시작했다. 몇 주 전, 작은 말다툼을 했던 친구의 마음마저 서서히 헤아려지기 시작했다. 휴대폰으로부터 독립하여 오롯이 혼자가 된 지 단 1시간 만에 벌어진 일이었다.

무조건 혼자 떨어져 있다고 혼자가 되는 건 아닌 모양이다. 비로소 완전히 혼자가 되었다고 느낀 그날의 두 시간 동안 나는 말도 안 되는 작업 진도를 나갈 수 있었고, 삶을 돌아보는 여유도 즐겼다.

　생각이 막혀 도무지 앞이 보이지 않을 때는 당신도 모든 소통을 끊고 혼자가 되어 보기를 권한다. 빠르게 지나가는 무의식 속에 우리가 찾던 답이 숨어 있을지도 모를 일이다. 처음에는 낯설고 힘들겠지만, 노력 대비 충분히 투자할 만한 가치가 있는 일이라고 생각한다. 예술가들이 고도의 집중력이 필요할 때 스스로 고독한 환경을 만드는 것이 그저 허세가 아니었음을 새삼 깨닫는다.

미움받더라도
거절하겠습니다

유난히 남의 부탁을 거절하지 못하는 사람이 있다. 물론 선을 넘지 않는 가벼운 부탁은 가볍게 거절할 수 있겠지만, 모든 부탁이 그렇게 간단하지만은 않다. 설상가상으로 나와 가깝게 지내는 사람이 부탁을 해 오면 여간 마음이 불편한 게 아니다. 주변에서는 친한 사이일수록 더 똑 부러지게 말해야 탈이 없다지만 생각만큼 쉽지 않다. 단호하게 거절하면 상처받을까 봐 걱정되고, 에둘러 말해도 결국 돌아오는 답이 거절이라면 실망할까 봐 걱정된다.

매사에 자기주장이 확실하고 성격이 센 사람은 아마 쉬이 이해하지 못할 감정이겠지만, 평생을 둥글둥글하게 살아온 예스맨들은 알 것이다. 거절이라는 숙제야말로 인생사 최대의 스트레스이자 고민이라는 것을.

나 같은 경우에는 조금씩 이름이 알려지면서부터 어처구니없는 부탁을 받는 일이 잦아졌다. 한번은 친하게 지내던 동창이 나의 시간은 전혀 배려하지 않고 대뜸 자기 일을 맡아 달라며 청한 적이 있었다. 그날도 어떤 식으로 거절해야 그 녀석의 기분이 조금이라도 덜 상할지 밤잠을 설쳐 가며 고민하고 있었는데, 처음으로 이런 생각이 들었다.

'왜 이렇게까지 그 녀석의 기분을 신경 쓰는 거지?'

결국 이런 결론에 도달할 수 있었다.

나는 친구가 상처받지 않기를 바란다. + 나는 친구가 실망하지 않기를 바란다. = 나는 친구에게 미움받고 싶지 않다.

'미움받고 싶지 않은 마음', 그동안 거절의 늪에서 그토록 나를 괴롭히던 실체를 마주한 날이었다. 다음 날, 나는 친구에게 심심한 거절의 말을 건넸고, 친구는 역시나 섭섭한 기색을 내비쳤다. 그런데 이상하게도 전처럼 마음이 무겁지 않았다. 더 놀라운 점은 그 일이 있고 나서도 우리는 여전히 잘 지내고 있다는 사실이다. 잠깐의 순간적인 아쉬움일 뿐, 사람들은 거절에 그리 큰 의미를 담고 있지 않다.

그래서 나는 이제 과감하게 미움받을 생각이다. 과감하게 거절할 생각이다. 적어도 당신을 진심으로 생각하는 사람이라면 부탁하면서도 당신이 곤란해지는 걸 원하지 않을 테니.

사랑받은 날이 있었다면 미움받는 하루도 나쁘지 않다.

.

쿨할 자신이 없다면
그냥 받아쳐

누군가가 나를 공격하거나 악의적인 말로 조롱할 때 가장 현명한 대처법은 그저 신경 쓰지 않고 넘어가는 것이다. 어른들이 흔히 말하듯, 그냥 내 갈 길을 가면 된다. 그가 어떤 말을 하든, 어떤 행동을 하든 '아, 저런 사람도 있구나.' 하는 태도로 편안하게 넘겨 버리면 그만이다. 그래야 진상을 만나더라도 정신적으로 크게 상처받지 않을 수 있다. 오죽하면 최고의 공격은 무시라는 말이 있겠는가.

하지만 이 방법에는 아무도 말해 주지 않은 한계가 있다. 바로 저런 멘탈은 아무나 가질 수 없다는 점이다. 정말 탁월하게 대인배의 성품을 갖췄거나 삶의 연륜이 남달라 마음에 담아 두지 않는 법을 배운 사람이 아닌 이상, 대다수의 평범한 사람은 공격을 받으면 상처가 생기고 화가 난다.

그런데도 사람들은 마치 자신이 대인배라도 되는 양 짜증

나는 상황에서도 웃으며 넘어가고, 뒤에서 욕을 하거나 '그때 한마디라도 더 할걸!' 같은 후회를 한다. 그러나 단도직입적으로 말해서 그럴 필요가 없다고 본다. 내가 그 사람을 신경도 쓰지 않을 정도로 그릇이 크고 마땅한 위치에 있는 게 아니라면, 한마디를 해야 할 상황에서는 한마디를 하는 게 중요하니까.

요령껏 보기 좋게 받아칠 말이 없을 때는 정중히 그런 말은 하지 말아 달라고 부탁해도 좋다. 만약 그럴 자신이 없다면 웃어 주지 말고 아무 대꾸 없이 몇 초간 정적을 유지하자. 우리의 목적은 상대방이 스스로 '뭐지? 내가 실수했나?'라는 생각을 하게 만드는 것이다. 상대의 말에 긍정하지 않는다는 의사를 전달하는 것만으로도 그는 당신을 의식하게 된다. 물론 그렇다고 하루아침에 그의 태도가 달라지지는 않겠지만, 적어도 가만히 앉아서 쿨한 척, 대인배인 척하고 넘어가는 것보다는 훨씬 낫다. 상대를 아예 무시할 만큼 멘탈이 좋은 게 아니라면 무례하고 기분 나쁜 상황에서는 결코 어설프게 넘어가서는 안 된다.

좋은 게 좋은 거라면, 마찬가지로 나쁜 건 나쁜 거다. 혼자 담아 두며 삭히는 버릇이 들면 머지않아 화내는 법조차 까먹어 속병을 앓게 될지도 모른다.

가스라이팅을
박살 내는 한마디

근래 들어 사연함을 보면 '가스라이팅'을 당했다는 사연이 자주 보인다. 하나하나 참으로 안쓰럽고 답답해지는 사연이 아닐 수 없다. 그렇다면 이처럼 우리 일상에 깊이 침투해 버린 가스라이팅으로부터 어떻게 해야 자유로워질 수 있을까? 이를 알기 위해서는 먼저 가스라이팅이 어디서 시작되는지를 알아야 한다. 대부분의 가스라이팅은 바로 자신에 대한 의심에서 출발한다.

누군가 당신에게 와서 "너는 정말 별로야.", "너는 정말 구제 불능이야." 같은 말을 했을 때, 가스라이팅에 잘 걸리는 사람은 자신을 너무 쉽게 의심하고 그 말을 곧이곧대로 믿어 버린다. 가스라이팅에 걸리지 않으려면 이 원리의 반대로만 생각하면 된다. 즉, 누군가 당신을 깎아내리더라도 그 말을 믿지 않으면 그만이다. 그저 "뭐래…." 하고 넘어가면 끝이다.

부디 쓸데없는 굴레에 빠져 자신을 의심하지 않기를 바란다.

"언제나 나 자신을 믿어 주세요!"라고 말하라고는 하지 않겠다. 솔직히 그런 건 타고난 자존감 부자들이나 가능한 영역이기에 선뜻 권하지 않는다. 다만 자신을 온전히 믿어 주기는 힘들지언정 최소한 나에 대해 잘 알지도 못하는 사람이 하는 헛소리를 그대로 믿을 필요는 없다. 더 이상 근거 없는 가스라이팅 따위를 두려워하지 마라. 앞으로는 누군가가 당신을 모함하려 한다면 가만히 들어 주다가 웃으면서 속으로 외치면 된다.

'뭐래….'

나부터가
완벽하지 않은데

완벽한 인간관계를 원했다. 모두가 나와 말이 잘 통하고, 모두가 내 편이며, 모두가 나를 편하게 대해 주는 그런 관계를 원했다. 완벽한 사랑을 원했다. 오롯이 내 편이 되어 주고, 오롯이 나만을 생각하며, 오롯이 서로를 위해 사는 그런 사랑을 원했다.

'안 맞으면 끊어 내면 그만이지.'라는 말을 신봉하며 겁도 없이 모두와 손절하고 다니던 시절이 있었다. 그때의 나는 조금의 마찰이나 불편함도 수용하려 들지 않고 늘 까칠하게 날이 서 있었다. 지금 생각하면 참 속 좁고 우둔한 마음이 아닐 수 없다. 정작 완벽한 관계를 꿈꾸는 나조차 완벽한 인간이 아닌데, 왜 엄한 곳에서 공허함을 메우려 했을까. 예컨대 매일 봐도 좋은 친구가 있는가 하면, 한 달에 한 번만 만나는 게 좋은 친구도 있다. 나와 성격이 맞는 애인이 반드시 성향까지 같아야 할 필요는 없다. 무언가가 맞지 않아 부딪히더라도 그들이 내 사람이라는 사실은 변하지 않으니까.

잘 맞는 사람을 골라내는 것만큼이나 맞지 않는 사람과 융화되는 연습 또한 어른의 능력이고, 성숙한 사람으로 사회화되어 가는 연습이라고 생각한다. 혼자서만 빛나는 별은 없듯, 모두가 함께 빛을 발하며 살아가는 세상 아닌가. 중간을 수용하는 게 비겁함이 아닌 지혜로움이었다는 것을 이제야 비로소 깨닫는다.

위로
중독

누구라도 힘들 때는 기대고 싶고, 응원받고 싶고, 위로받고 싶다. 혼자서 참고 이겨 내는 것보다 서로가 서로에게 의지하며 극복하면 같은 아픔이라도 훨씬 빨리 회복된다. 그러나 위로의 한마디가 늘 좋은 결과만 가져오는 것은 아니다. 위기가 올 때마다 위로에 의지하는 것이 습관이 되면 어느새 스스로 자생하는 법을 잊게 될지도 모른다. 위로는 헬스장에 있는 의자와 닮은 구석이 있다. 힘에 부쳐 잠시 앉아 쉬는 것은 체력 회복에 도움이 되지만, 앉아 있는 시간이 너무 길어지면 서서히 운동에 대한 열정이 사라진다.

결국 조금만 힘에 겨워도 앉고 싶어지고, 끝내 운동에 대한 흥미 자체를 잃게 된다. 휴식을 위해 가져다 놓은 의자가 체력을 삼켜 버리다니, 참으로 허무한 결과가 아닐 수 없다. 잠시 앉아 쉬었다면 이제는 눈치껏 일어나야 할 시간이다. 힘든 순간마다 위로에 익숙해지면 힘들지 않아도 위로 없이는 움직이지 못하는 사람이 될 수 있다. 그러니 위로의 구렁텅이에서 하루빨리 벗어나길 바란다.

쉬는 날에
의미 부여하지 않기

우리나라에는 여러 공휴일이 존재한다. 숨 가쁜 평일을 보내는 우리에게 설날, 어린이날, 추석, 크리스마스 같은 빨간 날의 존재는 언제나 기다려지고 설렌다. 물론 그날에만 즐길 수 있는 고유한 문화와 놀이 때문일 수도 있지만, 내 기준에서 공휴일이 기대되는 가장 본질적인 이유는 그저 쉴 수 있어서가 아닐까 싶다. 그 이상의 큰 의미는 없다. 오히려 그 이상을 찾는 순간, 묘한 상실감이 생길 수도 있겠다.

상실감이라 하면 어떤 상실감을 말하는 걸까. 믿기 어렵겠지만, 유독 공휴일만 되면 우울해지는 사람이 있다. '아, 이번 명절에는 꼭 취직해서 자랑하고 싶었는데….', '이번 크리스마스도 혼자네….', '신년인데 같이 해돋이 볼 사람도 없네….' 이따금 금쪽같은 휴일에 반갑지도 않은 상실감이 찾아와 버린다. 아무리 한 해를 알차게 살아왔대도 빨간날에 너무 큰 의미를 부여하게 되면 공휴일 단 하루로 지금까지의 1년이 모두 부정당하는 기분을 느낄 수 있다.

다소 진부한 이야기처럼 들리겠지만, 꼭 공휴일만 날은 아니다. 왜 굳이 쉬는 날까지 나의 결핍을 들춰 우울해져야 하는지 모르겠다. 반드시 명절 전까지 취직해야 하는 것도 아니고, 크리스마스가 아니라도 애인을 만날 시간은 얼마든지 있으며, 1월 2일에도 해는 뜬다. 작은 하루하루가 모여 지금의 우리가 있는 것이다. 고작 단 하루에 얽매여 지난날의 자신을 평가하지 않았으면 좋겠다.

황금 같은 휴일에 왜 구태여 우울해지려 하는가. 차라리 다시 뛸 내일을 위해 아무 생각하지 말고 편히 푹 쉬어라. 애썼다, 평일을 버텨 온 자랑스러운 나와 당신, 우리 모두.

천 마디의 위로보다
한 번의 모른 척이
사람을 울리기도 한다

　안 좋은 일은 몰려다니기를 좋아한다. 언질이라도 주면 좋으련만, 왜 불행은 아무 준비도 안 되어 있는 시기만 골라 찾아오는지 모르겠다. 첫 이별, 재정 악화, 대입 실패, 부모님과의 마찰…. 솔직히 지금 돌이켜 보면 뭐 그리 힘든 일이라고 죽상을 하고 다녔을까 싶다. 당시를 떠올리면 창피함이 더 크지만, 적어도 그 순간 나에게는 세상이 무너지는 듯한 고통이었다.

　뭐 하나 내 뜻대로 되는 일이 없었고, 친구들은 다 잘나 보였다. 못난 자격지심이었다. 그럼에도 그 못난 자존심을 버리지 못했던 질풍노도의 시기였다. 가진 거라곤 자존심 하나뿐인데 이마저 짓밟혀 버리면 내 삶이 전부 구겨질 것 같은 두려움 때문이었다. 그렇게 매사 삐뚤어진 시선으로 험담하고 한탄만 토해 내던 어느 날, 한 친구에게 연락이 왔다. 지금

집 앞으로 갈 테니 밥 먹지 말고 있으라는 문자에는 누가 봐도 어디선가 무슨 이야기를 들은 듯한 분위기와 더불어 위로주라도 한잔 사 줄 것 같은 뻔한 뉘앙스가 풍겼다.

이윽고 1시간 뒤에 친구가 왔다. 밥도 먹고 술도 마셨다. 그뿐이었다. 힘내라는 응원도, 잘될 거라는 위로도, 서로의 대화 그 어디에도 그런 맥락은 찾아볼 수 없었다. 게임 얘기, 축구 얘기, 알바하며 있었던 에피소드 등 시시콜콜한 대화의 연속이었다. 그렇게 3시간을 내리 떠들다 친구는 집으로 돌아갔다. 왈칵 고마운 마음이 밀려왔다. 단 한마디의 따뜻한 말도 건네지 않았지만, 느닷없이 한달음에 달려와 끝까지 내 상황을 모른 척해 준 친구가 진심으로 고마웠다. 그래서 어색하지만 마음을 담아 고맙다는 장문의 메시지를 보냈다. 그러자 5분도 채 안 되어 답장이 왔다.

[미친놈ㅋㅋㅋ 담엔 네가 사라.]

때로는 천 마디의 위로보다 한 번의 모른 척이 마음을 울리기도 한다. 정말 힘든 사람을 보거든 아무 일도 없었다는 듯 마음 편히 대해 보는 건 어떨까. 겉으로 드러나지는 않아도 속으로는 울고 있을 그 사람을 위해서.

MBTI 뒤로
숨는 사람들

바야흐로 이름보다 MBTI를 먼저 묻는 시대가 되었다. 90년대에 유행했던 별자리 성격부터 2000년대 들어 성행한 혈액형 성격까지, 아마 MBTI는 그다음 계보를 잇는 녀석쯤 되는 듯하다. 검사 과정이 긴 만큼 결과가 구체적으로 나와 제법 들어맞는 부분도 많고, 나조차 알지 못했던 성격을 찾아주는 것 같아 흥미롭다. 그래서인지 남녀를 불문하고 MBTI에 진심인 이가 많은 듯하다. 처음 보는 사람의 MBTI를 유추해 보는 것도 숨은 재미다.

다만 한 가지 아쉬운 점이 있다. 사람의 성격을 16가지로 정형화하는 MBTI가 등장한 이후, 많은 이가 본인의 단점마저 16가지 성격으로 합리화해 버리는 경향이 생겼기 때문이다. 예를 들어 이른바 팩폭을 들먹이며 남 깎아내리기를 좋아하는 사람이 "아, 내가 T라 거짓말을 못 해."라고 말한다든지, 성격이 우유부단하고 멘탈이 약해 고민인 사람이 "내가 F라 상처를 잘 받아."라고 말한다든지 하는 경우다.

성격을 나누는 것과 성격에 문제가 있는 건 전혀 다른 이야기라고 생각한다. 문제가 있는데도 고칠 생각은커녕 그저 MBTI를 방패 삼아 숨기만 하면 그 사람의 성장 가능성도 거기까지라고 본다. 때에 따라 E(외향적)도 과묵해질 줄 알아야 하고, I(내향적)도 나설 때는 나설 줄 알아야 한다. 개인적인 바람이지만 지나친 과몰입은 자칫 가스라이팅이 될 수 있으니, MBTI는 부디 재미로만 즐겼으면 한다.

모든 것에 의미가 있을
필요는 없어

뭐든 깊게 생각하는 것이 습관화되면 창의력이 높아진다. 그만큼 머리도 많이 쓰게 되고, 그 과정에서 자연스럽게 생각도 깊어지기 때문이다. 나 같은 경우에는 창작하는 일을 업으로 삼고 나서 가장 많이 한 훈련법이 있다. 전철을 타면 맞은편에 앉은 사람이 무슨 생각을 하는지 헤아려 보고, 누군가와 대화를 나누면서도 그다음에는 어떤 말이 나올지 예견해 보는 것이다. 덕분에 남들보다 조금은 더 말을 조리 있게 하고, 생각 정리도 빨라졌다.

그러나 요즘에는 아예 다른 훈련에 매진하고 있다. 바로 최대한 생각하지 않고 사는 훈련이다. 생각을 많이 한다는 게 창의력에는 도움이 될지 몰라도 삶을 행복하게 해 주지는 않는 듯하다. 그도 그럴 것이 모든 일에 의미를 부여하게 되면서 가치가 없다고 여겨지는 일에는 자연스레 신경을 쓰지 않게 되었다. 그러다 보니 어느 순간부터 점점 감정이 메말라 가는 게 느껴졌다. 그토록 매사에 의미를 더하다가 현재의 의미를 찾지 못하면 쓸데없는 허무감이 몰려오는 일도 부지 기수였다.

미천한 경험으로 이런 말을 하려니 우습지만, 왜 고대의 철학자 중 정신적으로 건강한 사람이 많지 않은지 조금은 알겠다. 생각이 너무 깊어져 나중에는 생각에서 나오는 일이 버거워진 게 아니었을지. 그러니 깊게 생각할 일이 아니라면 구태여 깊이 파고들지 않았으면 한다. 그렇지 않아도 피곤한 세상, 일부러 더 피곤해질 필요는 없으니까.

월급을 받아야 하니 일하는 것뿐이고, 배가 고프니 밥을 먹는 것뿐이다. 그 사람이 좋으니 사랑하는 것뿐이고, 자꾸 웃음이 나니 행복한 것뿐이다. 그저 있는 그대로 잘 흘려보냈다면 오늘 하루도 잘 살아 낸 것이다. 그러니 너무 어렵게 생각하지 마라. 딱히 행복하지는 않으나 딱히 불행하지도 않은 무탈한 하루가 지나갈 뿐이니.

보이는 걸 믿어라
일반화도 엄연한 빅데이터다

흔히들 일반화가 나쁜 것이라 주장한다. 보이는 것보다는 내면을 들여다봐야 한다면서 말이다. 지금 이 글을 읽는 당신도 이런 말이라면 수도 없이 들어 봤을 것이다. 당연히 사람을 대할 때는 겉모습보다 내면을 보는 것이 현명하다. 어떤 행동 하나만 보고 그 사람을 완전히 정의 내리는 것은 섣부른 판단이니까. 그러나 그렇게 내린 판단이 전부 잘못되었다는 것 역시 오류다. 일반화가 합당한 건 아니지만, 우리가 일반화하는 모든 것들이 결국에는 살아오면서 깨달은 빅데이터이기 때문이다.

상담할 때마다 누가 들어도 잘못된 행동을 하고 있고 객관적으로 봐도 지독히 별로인 사람을 극성스럽게 변호하는 내담자들이 있다. 물론 사랑을 잃고 싶지 않고 지금껏 헌신한 본인의 노력이 부정당하는 게 싫다는 마음은 충분히 이해한다.

그럼에도 이런 내담자들을 만날 때면 늘 해 주는 말이 있다.

"보이는 게 다는 아니죠. 그런데 보이는 것조차 믿게 해 주지 못하는 사람에게 더 큰 믿음을 갖는 건 너무 어불성설 아닐까요?"

병을 앓는다고 해서 무조건 불행하고 고통스럽게만 살아가는 것은 아니다. 긍정적인 마음가짐으로 밝게 생활하다 자연 치유가 되었다는 스토리는 더 이상 유별나게 느껴지지 않을 정도로 흔한 일이 되었다. 그렇다고 느닷없이 찾아온 지병을 두 팔 벌려 환영할 사람은 어디에도 없다. 몸이 아프면 행복하기보다는 고통스럽고 힘겨운 경우가 훨씬 더 많았기 때문이다.

휴대폰을 숨겨 놓고 전화가 오면 유독 눈치를 보는 애인이 있다. 그렇다고 이 사람이 바람을 피운다고 100% 확신할 수 있을까? 아니다. 그럼에도 우리는 애인이 갑자기 휴대폰을 숨기거나 걸려 오는 전화에 눈치를 보면 불안해지기 시작한다. 이렇게 행동하는 사람 중 바람을 피우지 않는 경우보다 피운 경우가 더 많다는 걸 알기 때문이다.

기대가 커지면 보고 싶은 걸 믿게 된다. 즉 심리학에도 자주 등장하는 '확증 편향'에 빠지기 쉽다. 당장에 보이는 것만 믿는 게 답은 아니지만, 무턱대고 보이지도 않는 부분을 부풀려 믿는 것 또한 오답이다.

연애도, 일도 깊은 감정에 도달하기 위해서는 신뢰가 필요하다. 그런데 보이는 것조차 믿게 해 주지 못하는 사람에게 무슨 기대를 하겠는가. 말만 번지르르 잘하는 사람보다 여실히 증명하는 사람을 믿어야 손해 볼 일이 없다. 진정한 믿음을 얻고 싶다면 우선 보이는 것에서부터 증명하라. 상대는 나날이 당신을 더 믿게 될 테니.

멘탈이 약해
힘든 일을 못하는 사람들에게

"멘탈이 약해서 힘든 일을 못하겠어요."

최근에 고민을 토로하는 TV 프로그램을 보다가 평소 멘탈이 약해 걱정이라는 한 출연자의 사연을 듣게 되었다. 그간 유리 멘탈로 인해 겪어 온 에피소드를 듣자니 마음이 영 좋지 않았다. 아무리 정신적으로 강한 사람이라도 크고 작은 일에 부딪히다 보면 흔들리기 마련인데, 하물며 매 순간 흔들리는 사람은 오죽하겠는가. 살면서 한순간이라도 멘탈이 깨지지 않고 자존감이 바닥을 찍지 않은 사람이 어디 있겠냐마는 매사에 멘탈 붕괴를 겪게 된다면 실로 어마어마한 스트레스일 것이다.

그래서 자신을 위해 멘탈을 강하게 키우려면 꼭 기억해야 할 진리가 하나 있다. 멘탈이 약하면 당연히 힘든 일을 할 수 없다. 그러나 사람의 멘탈은 힘든 상황에서 더 강해지는 구조를 가지고 있다. 고로 멘탈이 약하다는 핑계로 통증을 미루기만 한다면 멘탈은 영원히 성장할 수 없을 것이다. 니체가 말했듯이 '나를 죽이지 못하는 고통은 나를 더 강하게 만든다.' 사실 너무 극단적인 표현이라 크게 공감하기는 어렵지만, 그가 어떤 심정으로 이런 말을 했는지는 어렴풋이 이해할 수 있을 것 같다.

이상하게 들릴지도 모르겠지만, 나는 의외로 힘든 상황에 나를 몰아넣는 걸 좋아한다. 그래서 원고 작업이나 영상 제작, 그 밖에도 해야 할 일이 있으면 다소 무리하게 진행하는 편이다. 그래야 일을 담아내는 그릇이 넓어지기 때문이다. 예를 들어 매일 3km를 걷는 사람이 어느 날은 사정이 있어 1km만 거닐더라도 힘들다고 느끼지 않을 것이다. 마찬가지로 우리의 멘탈도 힘들면 힘들수록 더 내벽이 두꺼워진다. 그러니 지금보다 단단한 멘탈을 소유하고 싶다면 조금씩 나에게 엄해지는 연습을 해야 한다. 그저 힘들지 않고 싶었을 뿐, 어쩌면 당신의 멘탈은 생각보다 약하지 않을지도 모른다.

진짜
친구란

모든 인간관계는 '기브 앤 테이크'의 법칙으로 영위하는 것인 줄 알던 때가 있었다. 서로 분명하게 얻을 수 있는 이익이 있어야 그 우정도 더 깊어지는 줄 알았다. 그리고 그렇게 현실적이고 차가운 생각을 하며 사는 내가 정말 어른스럽고 성숙한 사람이라고 착각했다.

지금 생각해 보면 20대 중반까지는 스스로 친구라고 생각했던 사람이 한 명도 없었던 것 같다. 남들보다 조금 더 일찍 사회 경험을 시작하고, 조금 더 일찍 아픈 경험에 데이면서 모든 관계를 부정적으로 대했기 때문이다. 명백히 받을 게 있어야 우정이고, 줄 게 있어야 친구라고 생각했다. 그렇게 내가 잘나면 아무도 내 곁을 떠나지 않을 거라는 멍청한 일념으로 하루하루를 갈고닦았다.

그런데 참 희한한 일이다. 솔직히 지금이야 내 분야에서 어느 정도 성과도 내며 열심히 살고 있지만, 불과 몇 년 전까지만 해도 제 앞가림은커녕 열등감에 치여 살았으니까. 그런데도 내 곁에는 늘 한결같이 나를 챙기는 친구들이 있었다. 고맙기는 해도 늘 이해가 되지 않았다. '왜 이렇게까지 나를 챙겨 주지?', '이렇게 해 주면 나는 쟤들한테 줄 게 없는데.' 같은 얄팍한 생각이 머릿속을 헤엄쳤다.

한번은 친구와 기분 좋게 술을 마시던 중 은근슬쩍 이런 고마움을 표현했다. 그러자 돌아오는 말은 가히 충격적이었다. 친구는 머금고 있던 맥주를 뿜을 듯이 웃다가 내 얼굴을 똑바로 보며 중얼거렸다.

"와, 이거 여태 친구 한 명도 못 사귀어 본 놈이네…. 인마! 이익 따지는 순간, 걔는 친구가 아닌 거야."

얼굴이 화끈거렸다. 맞다. 지금껏 무슨 부귀영화를 누리겠다고 친구 관계에서도 그토록 이익을 따졌을까. 나름 현명하게 여우처럼 살았다고 생각했지만 아니었다. 진정한 친구라면 그런 계산은 필요 없다. 내가 밥을 사든 술을 사든 어떤 이익도 따지지 않고, 그저 그 친구라서 주고 싶고 돕고 싶었다. 친구란 그런 것이다. 가뜩이나 팍팍한 세상에서 사랑하는 친구에게까지 머리 쓰는 일은 없었으면 좋겠다. 사랑한다는 말은 죽어도 하지 않겠지만, 그에 버금가는 문장으로 오늘도 우정에 보답하겠다.

　"여기, 내가 계산했다."

비관적인 친구 한 명이
안전한 브레이크가 되어 준다

평소 자존감이 매우 낮고 자신에 대한 믿음이 없는 사람은 주변에 쉽게 휘둘리는 경향이 있다. 타인의 시선과 계산에 늘 불안해하며 살아가기 때문이다. 이럴 때 자존감을 되찾고 싶다면 내가 바뀌기보다는 주변을 바꿔야 한다. 그렇다고 날마다 주변 사람들을 설득하려고 불필요한 입씨름을 벌일 필요는 없다. 일단은 그들을 잠시라도 삶에서 치워 버리고, 내가 조금 더 내 삶을 통제할 수 있을 때까지 거리를 두는 것이 좋다. 실제로 힘든 시기에는 부정적인 소리만 거둬 내도 큰 힘이 생긴다.

그러나 의외로 사람들은 생각보다 자존감이 낮지 않다. 누구든 상황에 따라 고민할 수는 있지만, 자존감이 심각하게 결여되어 있거나 트라우마를 안고 사는 경우는 흔하지 않으니까. 따라서 현재 내가 어느 정도의 평범한 자존감을 가지고 있다면 성장하기 위해 조금은 다른 방법을 써야 한다. 어떠한 결정을 내리기 전에 그 의견을 비관적으로 보는 친구를 곁에 두는 것이다.

군이 이렇게 해야 하는 이유는 비관적인 친구들이 삶의 균형을 잡아 줄 때가 많기 때문이다. 자동차에는 충돌 방지 보조 기능이 있다. 이 기능은 내가 놓치고 있던 위험을 자동차가 스스로 판단해 신호를 보내거나 브레이크를 밟아 주는 옵션이다. 주로 시야가 좁거나 어두운 상황에서 도움을 주는 고마운 기능이다. 이처럼 우리의 삶에도 위험한 순간에 충돌을 방지해 줄 사람이 필요하다. 이때 비관적인 친구가 그런 역할을 해 준다.

일에 성과가 보이기 시작하면 자존감이 낮았던 사람도 일시적으로 거만해질 수 있다. 가령 누가 봐도 위험한 연애에 뛰어든다거나 확률이 낮은 사업에 투자하는 것은 거만의 시작이 될 수 있다. 만약 이런 상황에서 누구도 따끔하게 말해 주지 않는다면 당신은 크게 잘못된 길을 택할지도 모른다.

사람들은 대개 어떤 일을 시작하기도 전에 초를 치는 친구가 있으면 멀리하려고 하지만, 내 생각은 다르다. 모든 사람이 응원하는 분위기라도 한 사람쯤은 반드시 비판을 내놓아야 한다. 비록 그가 무조건적으로 위험을 막아 주지는 못하겠지만, 적어도 그 일에 대한 경각심 정도는 일깨워 주기 때문이다.

나에게도 그런 친구가 있다. 모두가 격려하는 상황에서도 꿋꿋이 표정을 굳히고 따끔하게 조언해 주는 얄미운 친구. 당시에는 기분이 썩 좋지 않아도 지난 몇 년간 나는 그 친구의 비관적인 시선 덕분에 큰 피해를 방지할 수 있었다. 그래서 지금도 그를 소개할 때면 '길잡이'라는 표현을 사용한다.

"네 마음은 알겠는데, 그 일을 지금 추진하는 건 손실이 크다고 본다."
"일단은 경영에 대한 구조부터 배워야 직원도 고용할 수 있는 거라고 생각해."

시즌마다 친구가 던져 주는 충돌 방지 문장들이다. 그의 말이 무조건 정답은 아니지만, 덕분에 늘 일하는 데 있어서 진지한 텐션을 유지할 수 있었다. 항상 좋은 말만 해 주는 친구가 장점만 있는 것은 아니다. 연애와 삶에서 균형을 맞춰야 안정적인 관계를 유지하듯, 우리의 삶에서도 찬반이 균형을 이루어야 더 나은 결정을 할 수 있다고 믿는다. 고로 합리적이라면 어떤 비판도 감수할 수 있어야 한다. 때로는 의미 없는 응원보다 논리적인 비판이 우리를 더 나은 방향으로 인도하기도 하니까.

사랑할수록
칭찬은 뒤에서

작년 10월, 마침내 오랜 꿈이었던 단독 강연회를 개최하였
다. 모든 무대가 그렇듯, 나와 친분이 있는 사람이 무대에 서
면 보는 사람들도 덩달아 긴장하게 된다. 그래서인지 강연
시작 10분 전쯤 백스테이지에서 관객석을 살펴보는데, 멀리
서도 알아챌 수 있을 만큼 유난히 굳은 표정으로 초조한 기색
을 드러내는 사람들을 확인해 보면 놀랍게도 모두 지인들이
었다.

얼마나 오랫동안 꿈꾸고 기다려 온 순간인지를 누구보다
가까이에서 지켜봐 준 이들이었다. 그런 이들이 나만큼 떨려
하는 모습을 보니 당장이라도 달려가 안아 주고 싶었다. 그
만큼 감사한 기분이 들었다. 친구들도 저렇게 긴장하고 있는
데, 하물며 가족들은 어떨까. 늘 철없는 소리만 하던 녀석이
어느새 무대 위에 올라 그것도 돈을 받고 강연을 한다니. 공

연 시간이 가까워질수록 어머니와 고모들의 표정도 점점 경직되어 가고 있었다.

그런데 유독 처음부터 끝까지 심드렁한 표정을 짓고 계신 분이 있었다. 바로 아버지셨다. 호응을 유도하는 구간에서도 멀뚱히 바라만 보시고, 나름대로 준비한 감동적인 멘트를 할 때는 아예 피곤한 기색이 완연하셨다. 아버지를 계속 의식하면 더 긴장될 것 같아 일부러 시선을 피하며 진행했던 기억이 난다. 그렇게 무사히 강연을 마친 후, 수고했다는 칭찬들 속에서 아버지의 짧고 굵은 비평이 비집고 들어왔다.
"다 좋은데, 내용이 너무 없었어."

역시 무언가 마음에 들지 않으셨던 모양이다. 발전에 도움이 되는 합당한 비평은 늘 기쁘게 수용하는 편이지만, 한편으로는 조금 서운한 마음이 들었다. 이런 날에도 굳이 그렇게 말씀하셔야 했는지.

가족들이 돌아가고 친구들과 조촐한 뒤풀이를 했다. 아버지의 말씀과는 달리 친구들은 제법 감동한 모양이었다. 평소에는 낯간지럽다며 무얼 해도 인정하는 법이 없더니 다들 입을 모아 칭찬해 주었다. 그 말에 마음이 풀려 잘못을 이르는 꼬마처럼 나도 모르게 볼멘소리를 뱉어 버렸다.

"하하, 근데 우리 아버지는 내용이 너무 없다고 별로라고 하시던데?"

그러자 이어지는 친구의 증언은 황당했다.

"어? 야, 나 아버님 바로 뒤에 앉아 있었는데, 강연 내내 옆에 가족분들한테 내용 너무 좋지 않냐고 자랑하시는 거 다 들었는데?"

나에게는 그토록 냉정하게 말씀하셨으면서, 뒤에서는 칭찬을 아끼지 않으셨다. 그렇다면 그건 너무 자만하지 말라는 뜻이었을까? 아직도 아버지는 그날 강연에 대해 칭찬하지 않으시지만, 뒤에서는 입이 닳도록 자랑하고 다니신다는 소문이 들려온다. 뒤에서 하는 비난이 가슴에 비수를 꽂는다면, 뒤에서 하는 칭찬은 큰 사랑을 느끼게 한다.

사랑할수록 뒤에서 칭찬하는 법을 배워야 한다. 실은 나도 태생이 무뚝뚝한 아들이라 앞에서는 단 한 번도 표현한 적이 없지만, 세상 누구보다 아버지를 존경하고 사랑한다. 그래, 이제부터는 이 사실을 뒤에서 숨기지 않아야겠다. 언젠가는 이 소문이 아버지의 귀에 닿아 묵묵히 기뻐하실 수 있도록.

그러다 차차 익숙해지면 앞으로는 사랑한다는 말을 직접 전하려 한다. 그래도 덜 무뚝뚝한 아들이 용기를 내는 게 더 빠르지 않을까. 잠시 쓰던 글을 멈추고 오랜만에 전화 한 통 드리고 와야겠다.

세상에서 가장 멋있는
어른의 표정

'가락동 동석이 삼촌'

아버지와의 인연으로 시작해 십수 년째 우리 가족과 깊은 인연을 맺고 있는 참 고마운 삼촌이다. 비록 피가 섞인 혈연 관계는 아니지만, 나는 늘 삼촌을 작은아버지라 부르며 따르고 있다. 요즘에는 바쁘다는 핑계로 자주 찾아뵙지 못해 가끔 핀잔 섞인 전화를 받기도 하지만, 이상하게 삼촌의 핀잔은 오히려 정겹고 따뜻하다.

그러던 어느 날, 오랜만에 삼촌에게 전화가 왔다. 곧 있으면 삼촌의 아들이 군대에 가니, 그 전에 다 같이 모여 식사를 하자는 제안이었다. 마침 그날은 시간이 비어 점심시간에 맞춰 삼촌이 운영하는 식당에 도착할 수 있었다. 어릴 적 모습과 달리 어느새 삼촌의 아들은 늠름해져 있었고, 딸은 어엿한 선생님이 되어 있었다. 내 기억 속에는 여전히 작고 어린 동생들인데, 다들 언제 이렇게 멋있어진 건지.

이윽고 저녁이 되어 작은 술자리가 열렸다. 술이 몇 순배 도는 동안 삼촌은 나와 동생들을 빤히 바라보며 웃고만 계셨다. 그렇게 1시간 정도 지났을까. 기분 좋게 취한 삼촌이 나를 톡톡 치며 입을 열었다.

"야, 나는 너희가 이렇게 예쁘게 커 준 것만으로도 2000%는 다 산 것 같다!"

들은 바로는 술을 마시면 그 사람의 진짜 얼굴이 드러난다고 한다. 만약 그 말이 사실이라면 내가 본 삼촌의 얼굴은 한 톨의 거짓도 없는 진심 어린 표정이었다. 어딘지 모르게 벅차오르는 듯한 말투와 감격에 찬 표정… 늘 누군가의 도움을 받기만 하며 살아온 내게는 선뜻 이해되지 않는 표정이었다. 그저 바라보는 것만으로 이렇게 행복한 표정을 지을 수 있다니.

힘든 일이 생길 때마다 이따금 세상에 홀로 남겨진 듯한 기분을 느낀다. 어떤 날은 그 감정이 너무 강렬해 주체할 수 없는 고독감이 밀려오기도 한다. 그럼에도 잊지 말아야 할 사실이 있다. 우리가 지나온 시간 속에는 언제나 나를 존재 자체만으로 사랑해 주는 사람들이 있었다는 것. 그들에게 사랑받은 시간이 모여 지금의 내가 있다는 것. 세상에 온전히 홀로 존재하는 사람은 없다. 일시적인 감정에 속아 자신이 세상에서 가장 불행하다고 여기지 않았으면 좋겠다. 언젠가 우리도 누군가를 바라보며 "나는 네가 있는 것만으로도 좋아."라는 말을 진심으로 건넬 수 있는 어른이 되기를 바란다.

불현듯 소싯적에 보았던 〈대부〉라는 영화가 떠오른다. 검은 정장에 시가렛을 문 알파치노의 표정이 세상에서 가장 멋지다고 생각했지만, 적어도 내가 본 그날 삼촌의 표정은 영화 속 알파치노보다 더 멋진 진짜 어른의 표정이었다.

호의를 호의로
끝내는 연습

　해 준 것에 비해 한참 못 미치는 보상이 돌아올 때면 유독 섭섭한 마음이 든다. 물론 모든 일이 대가를 바라고 하는 것은 아니지만, 그렇다고 너무 당연하게 받기만 원하는 사람을 만나면 어쩔 수 없이 퍽 억울한 마음이 든다. 우리가 사랑에서 서운함을 느끼는 것도 같은 맥락이다. 나는 저 사람을 위해 이만큼 양보했는데 내가 원하는 만큼의 사랑이 느껴지지 않으면 괜히 사랑받지 못한다는 생각에 괴로울 때가 있는 것처럼.

　그러나 보상을 바라는 것은 당연한 본능이다. 사랑 앞에서 계산기 좀 두드린다고 자책할 필요는 없다. 오히려 아무 계산 없이 무조건 퍼 주기만 하는 태도가 훨씬 더 위험해 보인다. 어쩌면 서로 아무것도 해 주지 않는 게 가장 안전한 방법일 수 있지만, 어떻게 그리 퍽퍽하게만 살 수 있단 말인가.

해 주고 싶으면 내키는 만큼 해 주어라. 단, 호의는 그저 호의로 끝내고 돌아서야 한다. 해 주고도 잊어버릴 정도로. 무언가가 돌아오면 오히려 미안해질 정도로. 보상 심리를 벗어난 진정한 호의는 이 정도가 기준이다.

여기에 기분이 좋아져 괜히 살을 붙이고 퍼 주기 시작하는 순간, 반드시 기대가 생기기 마련이다. 물론 그때마다 기대가 충족되면 좋겠지만 그렇지 못한 경우가 많다. 도리어 쓸데없는 실망감을 떠안게 될 수 있으므로 배려는 늘 슴슴함을 기준으로 베풀어야 한다. 실제로 우리의 인간관계에서도 학창 시절에 뜨거운 우정을 나누며 평생을 함께할 것만 같았던 친구들보다 오히려 슴슴하게 알고 지낸 친구들이 더 많이 남아 있을 것이다. 서로 적당한 거리를 유지하다 보니 그만큼 실수하거나 실망할 일도 적었기 때문이다.

얼마 전, 뜻밖의 술 선물을 받았다. 도와준 일에 대한 감사의 표시라는데, 나는 그 일을 도와준 기억이 전혀 없었다. 그 일이 나에게는 전혀 어렵지 않았기에 특별히 도와줬다고 생각하지 않았기 때문이다. 그런데도 선물을 받으니 어찌나 민망하고 감사하던지. 요즘에는 기대의 스위치를 꺼 놓고 베풀면 행복의 스위치는 더 쉽게 켜진다는 것을 몸소 체감하고 있다.

시간에
속지 마

시간에는 이상한 마법이 있다. 그토록 가기 싫었던 학교를 그리워하게 하고, 전역 날짜만 세며 버텼던 군대를 다시 떠오르게 한다. 이처럼 고되고 힘들었던 순간이 새삼 그리워지는 것은 모두 시간이 부린 마법 때문이다. 아프고 힘들었던 기억은 지워 주고, 즐겁고 감사했던 기억만 따로 꺼내어 추억으로 만들어 주는 시간의 흐름은 정말 아름다운 현상이다.

그러나 시간이 항상 아름다운 선물만 주는 것은 아니다. 기억이 미화되면서 우리는 때때로 어리석은 결정을 내리기도 한다. 그 시절 그렇게나 내 속을 썩였던 사람이 그리워지기도 하고, 다시 시작해 봐야 결말이 뻔한 사랑에 눈이 멀어 달려들기도 한다. 힘든 사랑을 지나온 사람에게 시간이 마법을 부리는 이유는 아픔을 덜어 주기 위해서지, 다시 아파 보라는 뜻은 아니다. 그럼에도 지난날의 아팠던 사랑에 다시 뛰어드는 사람이 많다. 당연히 선택은 존중한다.

하지만 한 가지는 꼭 명심해야 한다. 지난 사랑을 다시 선
택했다면, 반드시 이전과는 다른 현실적인 개선점이 있어야
한다. 누가 보더라도 두 사람이 전과는 다르다고 느낄 만큼
의 변화가 보여야 한다. 최소한의 명분도 없이 그저 시간이
주는 감정에만 취해 판단하지 않기를 바란다. 한 사람에게
아팠던 경험은 한 번이면 충분하다.

슬럼프를 극복하는
가장 현명한 자세

누군가 나에게 슬럼프의 원인이 무엇인지 묻는다면, 나는 망설임 없이 멈춰 있기 때문이라고 답할 것이다. 실력이 늘지 않으면 흥미가 생기지 않고, 흥미가 생기지 않으면 쉽게 무기력해진다. 나도 주기적으로 슬럼프를 겪으면서 여러 원인을 연구해 봤지만, 아직 이보다 더 정확한 사유는 찾지 못했다. 노력하고 있지 않을 때마다 언제나 슬럼프가 찾아왔으니.

동종 업계 사람들이 만든 영상을 보면 모두 내 영상보다 유익해 보였고, 그들이 쓴 글을 읽으면 내 글보다 잘 읽히는 것 같아 싫었다. 인정하고 싶지 않았던 것이다. 지금 생각해 보면 이런 마음가짐이 슬럼프의 시작이었다. 내가 노력하기 귀찮아하고 움직이기 두려워 가만히 있는 동안, 그들은 끊임없이 자료를 찾고 사례를 분석하며 피나는 노력을 하고 있었다. 그러니 그들의 결과물이 내 것보다 좋은 것은 당연한 결과다.

노력하지 않으니 실력은 늘 리가 없었고, 멈춰 있으니 슬럼 프가 반복적으로 찾아올 수밖에 없었다. 이 사실을 알게 된후, 나는 슬럼프가 올 때마다 실력을 쌓는 데 집중한다. 더 많은 책을 찾아보고 공부하며, 조금씩 실력이 느는 것을 확인한다. 이러한 노력이 능률로 이어지는 순간, 슬럼프는 순식간에 도파민으로 변한다. 혹시 지금 이 글을 읽고 있는 당신도깊은 슬럼프에 빠져 있다면 이제 내 손을 잡고 같이 움직여보자. 충분히 쉬었다면 이제는 돌파구를 찾아 나서야 할 때다. 한 번만 용기를 내자. 조금의 노력이 더해지면 발전이 시작될 것이고, 우리를 괴롭히는 이 슬럼프는 그대로 에너지가되어 줄 것이다.

멋지게 다치고
당당하게 아파하라

　살다 보면 누군가 던진 예상치 못한 농담에 당황하게 될 때
가 있습니다. 물론 그 농담의 수위가 선을 넘는 무례한 말이라
면 바로 정색하겠지만, 우리를 당황하게 만드는 대부분의 말
은 애매하다는 게 문제입니다.

　곧장 화를 내기에도, 그렇다고 무시를 하기에도 애매한 무
례함의 줄타기. 막상 이런 말을 듣게 되면 보통은 벙찐 표정으
로 어색한 미소를 짓거나 어설프게 맞장구를 치다 종국에는
찝찝한 기분만 남게 됩니다.

　그렇다고 아예 대안이 없는 건 아닙니다. 오히려 지금의 당
황스러움과 찝찝함을 그대로 상대에게 돌려주는 처세술이 있
습니다. 바로 그 자리에서 농담을 그대로 인정해 버리는 것이

죠. 이른바 예능을 다큐로 받아 버리는 작전입니다.

평소 무례한 농담을 좋아하는 사람들은 본인의 말로 인해 상대가 당황하는 걸 즐기는 못된 버릇이 있습니다. 그러나 자기가 던진 무례한 말을 상대가 그대로 인정해 버리는 순간, 오히려 말을 던진 상대가 당황하곤 합니다. 본의 아니게 당신을 공격한 사람이 되었기 때문이죠.

이처럼 마땅히 뾰족한 수가 떠오르지 않을 때는 되레 피하지 않고 그대로 인정해 버리는 것이 탁월한 효과를 발휘할 때가 많습니다.

'정공법'

꽤나 오래된 처세술이지만 지금까지도 인간관계를 비롯해 연애에도 큰 도움이 되는 좋은 방법입니다. 내가 그 사람을 더 좋아하는 것 같아 퍽 억울한 기분이 든다면, 애써 그 감정을 가두지 말고 그냥 더 큰 내 마음을 인정해 버리면 그만입니다. 이를 인정하는 순간, 내가 좋아서 하는 연애가 되고 그러한 태도 자체가 나를 더 자존감 높은 사람으로 만들어 주기 때문이죠.

이별한 상대와 재회를 원할 때도 우리는 더 이상 연인이 아니라는 사실을 인정해야 합니다. 인정하는 순간, 오히려 쓸데없는 의미 부여 없이 한 발 떨어져 객관적인 눈으로 우리가 헤어진 진짜 이유를 볼 수 있게 되기 때문이죠.

모든 어려운 상황은 인정하는 순간, 길이 보이기 시작합니다. 이는 단순한 인간관계와 연애를 넘어 삶의 상처를 대할 때도 마찬가지입니다. 아프다고, 힘들다고, 마주하고 싶지 않다고 지금의 아픔을 외면하고 도망치게 되면, 머지않아 반드시 벽에 부딪히는 순간이 오기 마련입니다. 진정으로 지금의 상처를 극복하고 싶다면, 상처 앞에 기가 죽어 뒷걸음질 치기보다는 차라리 더 뻔뻔하게 지금의 상처를 인정해 보시기 바랍니다.

아직 이겨낼 힘이 없대도 괜찮습니다. 아직 좋은 해답을 찾지 못했대도 괜찮습니다. 진정한 힘과 해답은 상처를 똑바로 바라볼 수 있을 때야 비로소 찾아오는 것이기 때문이죠.

부디 조금 더 자신을 믿고 용감하게 앞으로 나아가는 당신이 되었으면 좋겠습니다. 약간은 어설프고 뻣뻣한 걸음걸이일지라도 용감하게 한 발을 내디딜 수 있다면, 머지않아 당신을 아프게 하는 상처도 힘을 잃어 갈 것이라 믿습니다.

다가오지 않은 미래에 불안해하지 말기를.
상처받고 싶지 않아 사랑을 포기하지 말기를.
멋지게 다치고, 당당하게 아플 줄 아는
강한 당신이 되기를.

다칠 때는 멋지게
아플 때는 당당하게

1판 1쇄 인쇄 2024년 10월 15일
1판 1쇄 발행 2024년 10월 22일

지 은 이 강석빈

발 행 인 정영욱
편집총괄 정해나
편   집 박주선

펴낸곳 (주)부크럼 청년서가
전 화 070-5138-9971~3 (도서기획제작팀)
홈페이지 www.bookrum.co.kr
이메일 editor@bookrum.co.kr
인스타그램 @bookrum.official
블로그 blog.naver.com/s2mfairy
포스트 post.naver.com/s2mfairy

ⓒ 강석빈, 2024
ISBN 979-11-6214-513-5 (03190)